幸福的女人
会说话

婚姻篇

米亚 / 著

民主与建设出版社
· 北京 ·

© 民主与建设出版社，2022

图书在版编目（CIP）数据

幸福的女人会说话：婚姻篇 / 米亚著 . -- 北京：
民主与建设出版社，2022.5
ISBN 978-7-5139-3851-8

Ⅰ . ①幸… Ⅱ . ①米… Ⅲ . ①女性—婚姻—通俗读物
Ⅳ . ① C913.13-49

中国版本图书馆 CIP 数据核字（2022）第 090541 号

幸福的女人会说话：婚姻篇
XINGFU DE NÜREN HUI SHUOHUA HUNYINPIAN

著　　者	米　亚
责任编辑	刘　芳
封面设计	柏拉图
出版发行	民主与建设出版社有限责任公司
电　　话	（010）59417747　59419778
社　　址	北京市海淀区西三环中路 10 号望海楼 E 座 7 层
邮　　编	100142
印　　刷	北京晨旭印刷厂
版　　次	2022 年 5 月第 1 版
印　　次	2022 年 7 月第 1 次印刷
开　　本	880 毫米 ×1230 毫米　1/32
印　　张	6.25
字　　数	124 千字
书　　号	ISBN 978-7-5139-3851-8
定　　价	58.00 元

注：如有印、装质量问题，请与出版社联系。

近年来，我以"米亚"这个笔名，在喜马拉雅等多个平台上分享了数百期关于女人说话艺术的一些音频课程。让我欣喜的是，不断有网友给予我很多积极的回应。也有很多女性网友向我诉说她们在感情路上的困惑与煎熬。但值得安慰的是，不少女性朋友都能够在我们互动交流的过程中，将自己的负面情绪释放。

我们都明白，在爱情关系中，没有任何人能够帮到你，真正能够帮助你的人只有你自己。你可以凭自己的力量超越困局，让自己变得更快乐，而不需要继续依赖或等待别人给予你更多的幸福。其实，任何人都可以通过自己的内在转变去改变外在的处境。我们完全可以通过学习两性相处的技巧，拥有智慧，了解爱和婚姻的真相，在交流中弄清自己与异性的差异，达到改善两性关系的效果。比如衡量一段感情质量如何，可以通过观察两个人的聊天质量去判定。通过两个人有没有话讲、聊天的时候是什么状态、聊天话题的延展性等，可以判定这段感情的稳定性。所以说，聊天时的状态，直接暴露了两个人的婚姻状态。

其实，不论是处理事情还是聊天都一样，我们如果只是过多地关注自己，关注自己想要的是什么，自己喜欢吃的是什么，自己想说的话是什么，自己想表达的内容是什么，那么就一定会引起对方的反弹。

关系跟对话是一样的，我们要寻求的是一个平衡点。你关注对方多少，对方也会关注你多少。想一想，你的话题是围绕自己多，还是围绕对方多？

在我的咨询工作中，我看到很多学员给我发来的她和另一半的聊天截图，谈论的都是关于她们自己的内容，她们兴致勃勃地谈论自己的人生，过去、现在和未来，甚至是自己的蕾丝花边衣服，自己用什么口红，自己的猫咪吃什么口粮……却没想着问一句男生今天上班累不累，加班有没有吃上饭。这就非常尴尬。其实女孩喜欢这样的表达和展示，我是能理解的，因为女人天生就喜欢被关注的感觉，但是在这样做的时候，我们忽略了最重要的换位思考。想一想，如果我们处于男人的角色，面对这样喋喋不休的女人，不断地给其回应，向其提供情绪价值，会不会觉得很累？其实，男人也是需要被关注、被欣赏、被认可的。

在所有的爱情关系中，真正让你感到受苦的，并非你的伴侣，而是你自己的固有观念。所以，也只有你自己，才能真正转变自己的处境。

这是一套献给所有希望在爱情关系中获得真正幸福快乐的女性的书。恋爱篇针对刚入情场的年轻女性朋友，婚姻篇则针对初入婚姻生活的女性朋友。如果你在婚恋关系中不能经常获得快乐和满足，而你真切希望改变这种状态，我相信，本书中一定有一些内容能够使你深受启发。

米　亚

目 录 / CONTENTS

婚姻
沟通篇

爱情
保鲜篇

·目 录·

04　先读懂男人，
　　才能让他更懂你

情感
修复篇

05　可以吵架，
　　但不可以让吵架伤感情

06　爱自己，
才会被人爱

07　拿什么拯救你，
我的婚姻

婚姻沟通篇

01

不会正确表达，
在感情里会吃很多亏

收起情绪炸弹，换一种方式解决小矛盾

我们常听人说，婚姻的破裂都源于细节。婚姻里无小事，平时小事处理不好，必会闹出大问题。面对生活中的一地鸡毛，我们如果认真计较了，显得我们很小气，可不计较又如鲠在喉，到底该怎么处理呢？

我的一个学员平平就苦恼于此。平平和老公结婚 8 年，家庭生活可以说很稳定。两个人没有太大的矛盾，但就是小矛盾不断。比如老公总乱扔脏衣服这件小事；平平说了很多次，他还是如此。老公会抱怨说自己工作已经那么累了，回到家里平平还总计较这些小事。可平平觉得只是一件很小的事情，为什么老公就不能按照自己说的去做呢？还没让他为自己做什么困难的事，就这点儿小事都不行吗？

争吵就常常由这样鸡毛蒜皮的事引发。有时候，平平吵到筋疲力尽，也会想："哎，他是真的不爱我吧。要不然为什么这样的小事也不愿意做呢？"

其实这样的小事还真的不涉及爱与不爱。毕竟她老公并没有恶意，而且除了这些小矛盾，平平的婚姻没有什么实质性的问题。那么这样的小事为何会频繁引发两个人的争吵呢？这是因为婚姻里无小事，每件小事都值得被好好对待，每种情绪都应该被看见。

如果我们在处理小事的时候混乱操作，一笔带过或者不了了之，那么这件小事引发出来的负面情绪就很可能演变为刺伤婚姻的利刃。对于这样的小事，我们可以追根溯源，在处理问题的方式上进行调整，不让这些小矛盾发酵膨胀成大炸弹。

（1）用夸张的方式表达情绪

首先，我们来对比下面两句话。

第一句话："上次听过你的发言，我觉得特别精彩，好崇拜你啊。"

第二句话："你简直就是我的精神领袖，我对你的敬仰，真是如滔滔江水连绵不绝，又如黄河泛滥一发不可收拾。"

以上两句话都是在表达你对一个人的崇拜之情，给我们的感觉却是完全不同的。

听到第一句话的时候，我们可以感受到确有其事，进而把这种崇拜当成真心的。听到第二句话的时候，基本感受就是周星驰式的夸张和戏谑，虽然我们也知道这句话中含有"崇拜"的意思，但我们很难把这当真，反而觉得这是一句玩笑。这其实就是"夸张"的作用。

我们在处理小矛盾的时候，也可以使用夸张的方法巧妙地化解自己语言里的攻击性，既让对方知道我们有情绪，又不至于闹僵。

比如平平一直对老公乱扔衣服的事情很不满意，她以前经常会说："哎呀，你怎么这么懒呀，脏衣服臭袜子又到处乱扔，说了多少次还是这样，我真是被你气死了！你是猪吗？住在猪圈里的感觉很好是吗？"

我建议她改变说法："老公你快来！来看一下，咱家屋子都被你的脏衣服全面占领了，要是再不收拾一下，洗一洗，咱们就得搬楼梯间住了，要不我先去下单买个露营帐篷？"

平平老公听了之后立刻哈哈大笑，然后自己收拾了起来。这样既解决了问题，又没有破坏两个人之间的和谐。所以，这样的做法无疑是更有智慧的。

（2）用赞美的方式解决矛盾

有些姑娘可能会不理解：遇到问题难道不是该批评他吗，平时我冲他发脾气他都不改呢，怎么还能赞美他呢？这不是助纣为虐吗？

其实恰恰相反。在做任何事情之前，你都要清楚自己的目的是什么。就拿遇到矛盾发脾气这件事来说，其实发脾气不是你的目的，让老公认识到问题是什么并做出改变，才是你的目的。所以，你要关注的是怎么才能让老公认识到问题所在。这可并不是吵架、发脾气就可以办到的。

举个例子，你因为老公不讲卫生之类的问题不开心，那么你就找一次机会，比如他没洗脚就上了床，在这个时候，你可以对他说："喂，你是谁？你为什么要上我的床？"他一定会特别奇怪地说："啊！你怎么傻了？我是你老公呀！"然后你说："胡说，你才不是我老公，我老公是一个特别爱干净的、风流倜傥的美男子，我还记得他当初追求我的时候，每天都是干干净净的，衬衫都是香香的，简直要迷死人了，你看看你，不刷牙，不洗脚，你怎么会是我老公呢?！"

这样虽然你也对他提要求了，但是我可以保证他绝对和你吵不起来，而且他还会为了维持在你心里"完美男神"的形象努力，毕竟男人还是要面子的。

巧妙运用赞美的方式，更容易让他心甘情愿为你改变。

怎样表达关心才不会好心说错话

前几天，我的一个很久没有联系的老同学阿莲给我打电话，跟我诉说她非常苦恼，她明明非常在乎她的老公，可和老公怎么都处理不好关系，她明明是一片好心，可她说的话在她老公听起来全都是不怀好意的负面信息，甚至有时候她还在说着话呢，老公就对她大吼大叫了起来。阿莲为此非常郁闷，实在想不通到底哪里出了问题，自己到底如何沟通才是对的。

其实在生活中像这样"好心说错话"的事情非常常见，比如妻子总会抱怨丈夫："我明明关心他，他却说我像审犯人一样拷问他。"或者，"我只是问他为什么回来这么晚，他不回家我会着急的呀，他却说我是不是在怀疑他。"在婚姻中，很多女人的委屈似乎都是"我为我老公担心了一天，不知道他工作遇到的困难处理得怎么样了，他却说我烦他了"。

诸如此类的很多关心和在意怎么就变成"管太多""查岗""对我有意见"了呢？

其实关心和在意都是亲密行为，也是感情表达的方式，但如果你用错误的方法表达出来，往往就会事与愿违。这里我们就来聊聊，到底该怎样表达你的关心，才不会好心说错话。

首先来看看这种好心说错话的行为模式是从何而来的。

阿莲没有结婚的时候，她每次和朋友聚餐回家后就会迎来父母一通劈头盖脸的关心："宝贝女儿啊，你和朋友这次在哪儿聚的？吃饭都有谁呀？你们吃的什么呀？一共多少钱啊？每人分摊多少钱啊？聚会的地方远吗？"

每次听到这一大堆问题，阿莲都会觉得非常烦躁，不知从哪个问题开始回答，等她刚张嘴开始要说时，又发现父母好像没有太多兴趣听，她说了一堆，父母顶多说个"哦"就没了。阿莲觉得父母每次都这样，只会不停地提各种问题，根本不关注她的心情，完全不是真的想要了解她，更像例行公事一样地盘问。"米亚你说，这是关心吗？简直就是监视我，还是为了监视而监视！"所以有时候真的忍不住，阿莲还会对父母回怼几句："你们烦不烦啊！你们是监视我吗？"

可万万没想到，阿莲结婚之后，她就好像被父母附身了一样，老公每次参加完朋友聚会回来，那些曾令她感到无比厌倦的，连珠炮似的问题她总是脱口而出："哎，你们在哪儿聚的？吃的什么呀？一共多少钱？谁请客？和谁吃的呀？"甚至，连语气、语调都和父母一模一样。

所以，我提醒她说："你有没有发现你问老公的这些问题似曾相识啊，像不像你父母经常问你的问题呀？"

阿莲很委屈地说："我只是真的很想知道这些才会问的，我就是关心他呀。"

但当老公回答完这些问题后，她还是会感觉心里空落落的，觉得自己离他好远，真的不知道怎么和老公说话才是对的方式。

我们来看这个案例，阿莲的父母事无巨细地想了解自己的孩子，但他们似乎没想过应该如何了解和应该了解什么，所以只能通过没完没了地提一些表层问题去表示自己的关心。这种轰炸式关心只会让身处这个氛围中的人有一种被吞没的感觉。这种关心更多的是一种妈妈式或者保姆式的关心，这种表面上无微不至的问候其实表达的是不信任——"我不相信你自己能行、你自己能处理好事情"，所以被询问的一方会觉得非常烦躁。

那么我们应该如何正确地表达关心呢？

（1）话题千万条，情绪第一条

无论我们处于沟通的哪个阶段，都要把表达情绪的步骤放到第一位。比如说在别人和我们说话的时候，我们可以先回应情绪，再回应内容。同样，提问也是如此，可以先问情绪，再问内容。

像阿莲父母那种就事论事的问法，即使问了再多问题也不会让对方感受到关心。解决方案就是，尽量从情绪、情感上入手，才能让对方有所感受。比如阿莲如果想对老公表达关心，就可以在老公参加完聚会回家时，尝试从情绪层面提问："今天聚会开心吗？感觉怎么样呀？"

这样的提问方式就会让老公觉得自己是被关注的，而且不会觉得太被束缚，沟通的大门才会顺利地打开。只有彼此在沟通情绪和感受的时候，双方才是真正"在一起"的。

（2）多用开放式交流，而非封闭式提问

阿莲父母问的那些问题，无一例外都是封闭式的问题，这样的问题只需要用"是""不是"就能回答，根本问不出更多的内容，也没有太大意义。其实，这时候我们可以多尝试开放式问法，围绕"是什么""怎么样"提问，让对方有更大的回答空间，也会让对话自然而然地延续下去。

例如："你觉得 ×× 怎么样？""有什么好玩的想和我分享吗？"这些都是开放性问题，能引导对方说出自己的体验和情感，这远比封闭式审问有效且高效。

比如，阿莲想要表达对老公的关心，就可以试着问"你们同学聚会有什么好玩的事啊，给我讲讲呀""你同学现在都在做什么呢""你们过去上学时有什么故事呀""你们之前的感情是不是特别好呀"等问题，这样的沟通会让老公觉得自己是真的被关注的，不会产生反感或者抵触的情绪。

这样说，老公才会听

男人说了什么不重要，你说什么可以吸引男人的关注，这个很重要！在这里，米亚想教大家走进男人内心的三个沟通法则。

（1）把沟通话语权给他

把沟通的话语权给他，意思就是要让男人在沟通中有发挥的空间和余地，把话筒给他，让他去说他愿意说的话。

为什么这么做呢？首先我们要知道男人的心理需要：被感激、被欣赏、被崇拜。而很多女生在聊天的时候最容易犯的错误就是以自我为中心，比如从早到晚跟男生说自己，自己吃了什么喝了什么，喜欢什么不喜欢什么，自己想要什么不想要什么……而且为了找话题煞费苦心。

你说了一大堆，却不知道在跟你聊天的他已经很心累了。这样下去的结果肯定就是他渐渐不愿意跟你聊天了。解决方案是"引导式发问"。

比如你可以问他："如果可以改变过去，让你回到过去，你最希望改变的一件事是什么呀？"

这个问题的点，一定是对方认为有遗憾的。如果他愿意讲出来，那你就可以通过这个问题看出他的价值观。

比如他在意的是一笔生意没有做成，那么可能他在意的就是物质和成功；如果他在意的是在爷爷奶奶去世前没有见到他们最后一面，那么证明他还是很在意家庭亲情；等等。在抓住了这个重点之后，你可以继续按照这个方向去问他，因为这一定是他关注的重点。这样不知不觉，你就走进他的内心了。

（2）细节沟通法

细节沟通法有两个关键词：一个是欣赏，另一个是细节。

很多学员都会问我："为什么我看不到我老公身上有什么值得欣赏的点呀？"

在心理学上有个名词叫"投射"，那么用投射原理去解释这个问题，其实就是因为我们没有欣赏自己的能力，对自己要求比较苛刻，所以对待其他人的要求也会过于苛刻。

其实我们完全可以用光环效应去解决这个问题，也就是说，就算对方长相很普通，如果你爱他，在你眼里他也是帅的。

用闪着金光的眼神去看对方，你可以对他从头夸到脚。

再来说细节。这里的细节不是让你跟老公说："哎呀，你牙齿上有菜叶哦。""哎呀，你衣服上有头皮屑。"而是真诚地、友善地看到他身上的小细节。

我的一个朋友，她的直男老公个性像老干部，喜欢皱着眉头，整天一副心事重重的样子。

我就教朋友跟他老公说："老公，虽然你表情严肃的时候好帅，但是我好想亲一下你的眉头，把你的烦恼都冲走。"这样，既欣赏了对方，也关注到了细节。

（3）心理需求沟通法

著名心理学家珍·尼尔森博士在她的有关孩童正面教育的著作中指出：孩童的两大主要需求是归属感和确认自己的重要性。

其实，我们每一个人天生都有被确认重要性的心理需求。你要是可以把握好这个重要性，也可以轻松走进男人的心里。

在这里要注意的是，你要表达的重要，是独一无二的重要，是无可取代的重要，而不是"你对我是有点儿重要"，或者是

"你对我来说，跟甲乙丙丁一样重要"。

举个例子，你可以跟他说："哎，我发现，你跟其他人都不一样，你说话的方式、你的样子，对我来说，怎么感觉那么熟悉呢，难道我们上辈子就认识吗？"

或者是经常提及他："我在吃××/做××时，就想到你了。""我想起来我们在一起的时候吃了××/做了××。""我在马路边看到××，想起你了呢。"

以上都可以证明对方是独一无二的存在，可以用以表明对方的重要性。

当然，还有最有效的："嘿，我昨晚做梦梦到你了。"他一定会很好奇地问你："你梦到我什么了？"你可以说一个很美好的场景，比如说："我昨晚梦到，我们两个人在沿海公路骑自行车，哇！好开心啊。"这样说过之后，他也会被你带入美好的场景。

和老公说话，不要那么心直口快

在人际沟通中，我们常常会遇到一些"心直口快"的朋友或者同事，他们总是口不择言或者出口伤人，说一些很不中听的话，让听话的人非常不开心。在婚姻关系中，有的女性也会有这样的问题，她们太把老公当自己人了，有什么说什么，甚至有时会肆无忌惮地指责和抱怨老公，非常伤感情。

> 我的一个朋友陈先生和他的太太结婚很久了。有一年太太过生日，陈先生特意准备了鲜花送到太太的公司，想给她一个惊喜，结果被太太破口大骂道："你神经病啊！干吗送这种华而不实的东西，有这些钱买点儿吃的不行吗？这不是出洋相吗？"
>
> 在场的同事和陈先生都非常尴尬，陈太太也完全没有收到礼物的愉悦。

有些人经常抱怨老公对自己不体贴，不懂自己想要什么，收到自己不喜欢的礼物，还可能像陈太太一样指责另一半。这样不仅打消了男人疼你的积极性，甚至会发生矛盾，引发争吵。而聪明的女人都懂得冷静下来，靠着一张嘴就把日常分歧变成沟通和调情。

每个人的内心其实都希望得到肯定和认可，这是人性的共通点。所以，如果老公做的事不合你的心意，你也不能直接指责他。你要做的是先肯定他的积极面，再提出你的期望。

这里有一个简单的流程提示：选择沟通基调—寻找积极回应点—提出个人见解。

比如收到鲜花的陈太太，可以先肯定自己的老公："可以呀老陈，你竟然能想起来给我送花，也算是花了点儿心思哦，那好吧，这个月的零花钱也要给你涨 5 块钱。但是以后不要搞这些形式主义了啊，我喜欢实际点儿的……"然后把自己喜欢什么说出来就好啦，比如你想让老公分担家务，就说："以后晚饭帮我洗碗就好了。"这样就皆大欢喜了，对不对？

还记得北风和太阳的寓言吗？北风跟太阳打赌，谁先让一位老人把厚外套脱下来，就证明谁的力量更大。北风拼命地吹，老人却把衣服裹得紧紧的。太阳暖烘烘地照着，老人热得自己把衣服脱了下来。

温和友善永远比疯狂愤怒更有力量。在沟通中亦是如此，当你内心选择善意，你在表达时传递出来的更多的就是善意和光明，自然可以吸引更多善意的回报。

聪明女人从不为婆媳关系犯愁

关于婆媳关系，尤其是中国式的婆媳关系，我觉得首先应该给大家强调的是，婆婆不是妈。在咨询工作中，我见过太多的好姑娘，为了家庭忍气吞声，为了老公一忍再忍，殊不知正是你的一再退让，才让自己失去了界限，面对道德绑架毫无还手之力。

善良本是好的，可如果善良没有了牙齿，那就是软弱。维护界限，永远是我们在所有关系当中要学的第一课。

很多学员甚至深陷其中，都不知道自己正在遭受的就是自己老公的道德绑架，只是觉得自己每天闷闷不乐，委屈压抑，有口难辩，却不知道哪里出了问题。在这里，米亚先提醒你自查一下，你的老公或者婆家人是否理直气壮地跟你说过类似的话：

"她是我妈，所以你就要……""我妈不容易，所以你就要……""我妈年纪大了，你让让咋了？""你是晚辈，你就该赔礼道歉……"

如果你总听到诸如此类的言语，如果你也正在遭遇这些不公平的待遇，那么你首先应该处理的是你和你老公之间的婚姻关系，让你的老公看到你的价值，让他懂得尊重你。

一般来说，婚姻关系有问题的家庭，婆媳关系一定好不到哪儿去。而婆媳关系有问题，并不代表婚姻关系就一定出了问题。那么到底怎么做才能在重要的问题上分好地盘，划好边界，处理好婆媳关系呢？

（1）好好说话，慢慢说话

不管面对的是多么大的问题，你都要避免正面冲突，尤其不要用恶毒的言语攻击对方。很多人管理不好自己的情绪，遇到事情自己先大声喊起来。在气势上你是赢了，但是你失去了老公对你的理解，失去了讲道理的机会。退一万步讲，婆婆毕竟是长辈，你对她，基本的礼貌肯定要讲，如果你态度不好，那么你再有理也变没理了，毕竟你的初衷不是交恶而是解决问题。

如果做不到说好听的话，至少把话慢慢地讲出来，保证语气和语调是平缓的。

> 我有个学员生完孩子想让婆婆帮忙带，但是不知道怎么说，怕婆婆会拒绝。于是我让她这样跟婆婆说：
> "妈，我知道您现在退休了，辛苦了一辈子，应该有自己的生活。而且我也担心我们之间教育观念不一样，我着急的时候，会不小心惹您生气，可是我真的很希望您可以帮我照顾宝宝，看着宝宝一天天长大。我跟老公都会特别感激您的，宝宝长大了以后也一定会特别爱您。"

以上话术不仅做到了换位思考，优先考虑了婆婆的心理，也把丑话说在了前面，讲了以后生活中会遇到的问题。有时候不是仅仅说好听的就行了，而要客观真实地讲明以后的问题，婆婆是过来人，肯定比我们想得长远。

（2）一般小事，尊重婆婆

综艺节目《我最爱的女人们》中，明星杨烁的妻子对待婆婆的一个细节，值得我们学习。

在节目中，几个家庭分别被带进了宽敞却有些凌乱的公寓，大家面临的首要任务就是把公寓打扫干净。杨烁的妻子二话不说，挽起袖子就开始干活儿，还不忘向婆婆请教："请妈指导一下。"

后面为打扫的问题，杨烁和老妈意见不统一，起了争执。杨烁老婆马上表示支持婆婆："干活儿这事，我们得听妈的，妈比我们有经验。"

（3）原则问题，坚守底线

在老公面前，跟婆婆统一战线，尊重她，这其实一点儿都不难。没有涉及原则性的问题，为什么不肯说几句好听的话哄婆婆开心呢？那么如果真正涉及原则问题，你该怎么做呢？那就要遵循"原则问题，坚守底线"了。

也就是当婆婆试图侵犯你的界限，干涉家庭内部决定甚至提出无理要求的时候，你是丝毫不能退让的。

比如婆婆说你跟你老公挣的工资让她来保管。你可以先礼后兵地这样说："妈，您太辛苦了，我们的工资本来就没多少，如果给您保管，平时买个菜、吃个饭还要专门跟您要钱，有时候老公半夜三更还在和同事吃饭呢，也不能半夜给您打电话呀。我们知道您是为了我们好，怕我们乱花钱，我们自己有计划的，每个月花多少钱、攒多少钱，我们都计划好了。而且妈，钱的事情真的不是小事，谈钱特别伤感情，我不想因为钱的事跟您闹不愉快，在这件事上，我真的没办法听您的话，您不要生气哦。"

这就是用柔中带刚的语言坚定地维护自己的界限。

（4）保持独立自信

独立和自信是维系所有关系的基础。如果自己凡事不能独立，要靠老公养活，那你就会缺乏底气，自然很难在婆婆的心目中有地位，也无法处理好婚姻关系。

比如，当婆婆指责你："你怎么又乱花钱，你整天除了买口红买衣服，我就没看你做别的事情！"你就可以顺水推舟地说："妈，我是买了一些东西，可我如果整天只会买东西，那我哪来的钱呢？我还是在赚钱的呀，只不过可能您平时没看到哦。"

一个女人首先要经营好自己，才有能力经营好家庭，才有能力处理好婚姻关系以及婆媳关系。这样的女人在面对问题的时候不卑不亢，在日常生活中不会喜怒无常，言谈举止是温柔自信的，说出口的语言传递给身边的人也都是正能量。如果做不到抽时间去陪伴婆婆，那么可以寄一些小礼物给婆婆，也可以经常替老公给婆婆打打电话，听老人絮絮叨叨叨，做一个暖心暖意的儿媳。

你可能会说不知道跟婆婆聊什么。其实你的老公她的儿子就是你们最好的话题。你可以发自内心去夸赞一下老公，在欣赏老公的同时也要由衷地夸赞一下婆婆教育出这么好的儿子。或者跟婆婆聊一聊老公童年时候的趣事，也可以拉近你跟婆婆之间的距离。真正健康的婆媳关系，是相敬如宾、彼此尊重、亲而不近的。

照顾老公的情绪，把话说到他心坎上

我们经常会提到"情绪价值"，很多学员都很迷惑，怎么才算提供情绪价值？怎么才能把话说到老公心坎上？往往在这时候，大家都会问我："老师，我该聊什么内容呢？"大家纠结的也多半是开启什么样的话题比较合适。

其实，在聊天中所谓的情绪价值部分，最重要的是聊天的氛围，而不是内容。

这里有三个小技巧，教你提升情绪价值。

（1）读懂语言背后的情绪

聊天时一个很重要的点，就是我们不仅仅要听对方说的是什么，更要想想对方为什么这么说。弄清楚了对方当下的情绪和感受，才能打开走进对方心里的大门。

比如，老公突然被通知这周末要加班，他跟你说："啊！好烦，这周又要加班。"

这个时候，或许你会说："嗯嗯辛苦啦。""加油加油，你是最棒的。"甚至可能抱怨："那你这周又不能带孩子去玩了！"你们的聊天就很难继续下去了。因为前面两种回复里，你说的是"正确的废话"，对方即便听了也不会有什么感受的；后一种回复甚至会让他觉得厌烦。

我们要看到老公这句话的潜在信息和他的情绪。实际上，他说这句话是在求安慰。所以你可以这样回答他："哈？周末又要加班？你领导也太没有人性了，虐待小动物呀？"

这样回复既给了他情绪上的安慰，还逗了他一下。

或者你可以说："你这次周末加班，有加班费拿吗？"

他如果说没有，你就说："那我必须给我辛苦的老公做点儿好吃的喽。"

这样的说法也帮他把注意力从负面情绪上转移开，不知不觉，他也会觉得和你说话总是很轻松。

总结一下，我们不要看他说的是什么，他不需要我们无关痛痒的回复，更不要总想着给他提供一个解决方案，因为我们没有义务帮他解决问题。沟通中有一条金律：回应情绪大于解决方案。

所以，读懂语言背后的情绪，然后回应他的情绪就好了。

（2）满足对方情绪需求

很多姑娘都会疑惑：为什么我要满足老公的需求呢？为什么不是他满足我呢？卡在这个点上，夫妻关系就迟迟难以升温。

其实不仅仅是在关系里，沟通中也是如此，有舍才有得，这是守恒定律。沟通的本质也是一种交换，既然是交换，那么我们势必要考虑我们能给予对方的是什么。

比如说，你和老公出门逛街，会先精心打扮自己一番：弄头发、化妆、搭配衣服，最后出门，就是希望老公能说句"好漂亮"，对不对？

结果假如老公最后都没有正眼看你一眼，甚至嫌你磨磨蹭蹭，那你肯定就会觉得失望。因为在婚姻中，女性基本的情感需求是需要被满足的。

如果你的这份需求一直没有得到满足，可能一次一次之后，你就不会想再为他精心付出什么了，长此以往，不用说，两个人感情自然渐行渐远。同样，你老公每次为你做了事情之后，也会期待你给予他一个好的、积极的、正向的反馈。如果没有，他自然也没太大的动力继续付出了。

同时，男性的求偶动力在很大程度上来自被欣赏和被崇拜的感觉，女性如何表达能满足这种感觉就显得尤为重要。比如说："天啊，你怎么这么棒，你为什么方向感十足呢？你知道我不认识路，如果你今天不来，我估计要在原地打转一天呢。""哇，老公，你今天下班又来接我，哎呀，我真是个幸福的宝宝呢，我怎么就能找到这么贴心的老公呢！"

其实让你给予欣赏和崇拜的，不需要是什么惊天动地的大事，哪怕只是一件小事，但你能让老公感到被欣赏，你们的感情就不会变淡。

（3）制造情绪落差

大家常常会说到一种所谓的"心动的感觉"，其实这种心动的感觉就是一种情绪的落差，因为有情绪的切换，我们才会感受到情绪的变化，才会有心动。

我们就可以在沟通中使用这个小技巧——先抑后扬，也就是先说个对方的缺点或者负面的信息，然后话锋一转，夸赞对方或者表达好感。

举个例子："刚认识的你的时候，我觉得你是一个非常粗心的人，我记得你有一次开会忘记准备PPT，我还在想呢，这个人对工作态度真是一般，后来我特别吃惊，原来你不需要准备那么多材料也可以表达得很好，真是太厉害了。而且你看问题的角度也和别人不一样，很有自己的思想，很有才华！"

这样的表达方式就制造了一种情绪的波动，先抑后扬又基于事实，非常自然和真实。很多学员都觉得夸赞别人的话很假，说不出口，那其实只是因为他们用错了方法，既让别人觉得有舒适感又不是很夸张的夸赞，才是高情商的表现。

02

会说话的女人，
更容易收获老公的爱

做这样的女人，你能与老公相处得更好

有很多学员都问过我类似的问题："老师，你是心理咨询师，一定很懂男性的心理，所以你和你老公是不是都不会吵架呀？你平时的生活是不是特别幸福，没有矛盾？"或者会问："老师，你是情感专家，你老公一定对你言听计从吧？你都是怎么样管教老公的呀？"甚至，我还记得有人特别吃惊地问过我："什么？你可是心理咨询师，你还会生气吗？"

哈哈哈！天啊，我也是一个人呀，我怎么就不会生气了呢？

很多朋友都误以为心理咨询师都是切断七情六欲、远离红尘的。事实上，我和我老公也会在遇到矛盾时吵架、冷战，甚至在生活里我有时候也会故意作弄他，他有时也会故意和我赌气，气得我干瞪眼。

不过作为心理咨询师，即便我和老公吵架了，我也知道怎么平复自己的情绪，让自己从情绪旋涡里走出来，然后选择正确的方式去沟通。在生活中有矛盾发生，伤害到彼此感情的时候，我知道怎么往情感账户里充值。

真实的生活都是充满喜怒哀乐的，如果能在感情生活中为双方赋能，找到最合适的方式和另一半相处，你也可以是人生赢家！

下面米亚就和大家分享在感情生活中最常见的三个沟通法则，帮你拥有掌控幸福的能力。

（1）做一个好哄的女人

很多女人都有一个误区，就是：我要做一个不好惹的女人，这样我才不会在爱情里吃亏、受委屈！

这想法没毛病，但问题是，我们不要被这个想法束缚住，如果你抱着"只要对方让我不满意，我就要让他吃点儿苦头"的想法，只会让别人远离你，而不是尊重你。

让对方尊重你的前提是，你也要尊重对方。如果对方已经因为你的情绪和想法做出了让步，那么你一定要见好就收，有台阶就下。

比如有的女人和老公吵架了，不接老公打来的电话，拉黑老公的微信，把每一条路都堵死，还抱怨老公为什么不能更努力一点儿："怎么不来我公司楼下等我呀？"话说，咱都没有给人家一点儿能"活下去"的希望，还要人家继续坚强努力，这不科学呀。

所以很多女人都不理解：为什么我老公从来都不愿意哄我，只要我一发脾气，他就逃跑了？其实答案很简单：你要让男人觉得哄你这件事是有用的，你是一个可以被哄好的女人。这样男人才会愿意哄你。

（2）做一个真实的女人

在关系中保持真实，更多是指我们要真诚地表达自己的需求、情绪和想法。

关于真实这个话题，米亚要格外强调一下，很多女生觉得：好呀！让我真实，那我最会了！我和我老公吵架的时候最真实了，什么难听我就骂什么，什么事情让他难受我就说什么！

这里必须先澄清一下，这不是真实，这只是情绪发泄！

真实的表达是：我的情绪 + 我的想法 + 我内心的需求。比如——

我的情绪是："你刚才那样大声和我说话，我真的很生气！"

我的想法是："我以为你是在和女同学聊天呢，我不知道我看错头像了，所以就一直追问你聊什么了。"

我内心的需求是："我承认我是有点儿吃醋了，我当然希望自己的老公和其他异性都划清界限啦！我也知道这不现实，但是如果你能好好和我说，我们也不会吵得这么凶吧。我知道我误会你，是我不对，但是你那样和我大声说话，我也非常伤心！"

这样，我们既承认自己内心真正的需求，也把存在的矛盾讲清楚了，用真实的自己去和对方建构真正的亲密关系。

（3）做一个有情绪张力的女人

有情绪张力的女人，就像一本读不完的书，讲话时呈现出来的也是有喜怒哀乐的生命力。

没有情绪张力的女人，更像一杯白开水，每天都是默默地在做自己的事情，讲话的语气语调内容都是淡而乏味的。

在米亚看来，情绪张力更是一种女性特有的吸引力。我们更多要从挖掘自己的内在入手，让自己的内心丰富起来，学会欣赏自己，爱上自己，这样，我们的表达才会更有生命力。

备受宠爱的女人，都懂得向对方提供情绪价值

女人怎么向男人提供情绪价值呢？简单地说，男性在两性关

系中的情绪渴望有三点：感激、欣赏、崇拜。女性可以采取的办法也很简单，就是"谢谢""好棒""哇"。

（1）感激

男性渴望自己为关系的付出被看到并被感激，这样会让他觉得自己很有价值。每个男性付出的方式不一样，有的是给家庭提供稳定的物质基础，有的是对家人无微不至的关怀，有的是对妻子表达自己的忠贞不贰，不管他的付出是什么，我们都可以适当表达感激。

如何说"谢谢"呢？

这里有一个表达感激的公式：表达感激 = 陈述事实 + 表达感受 + 谢谢。

举个例子："老公，我们结婚这么多年，一直是你挣钱养家，我在家还总是乱发脾气，你从来都是包容我、哄我，我上辈子是拯救银河系了吗？我都觉得我被你宠得不像话了。亲爱的谢谢你。"

或者是："你知道吗？我一直都是一个特别没有安全感的人，但是跟你在一起之后，不管发生什么矛盾，你都那么耐心地给我讲道理，从来都没怪过我任性。跟你在一起之后，我都被治愈了，谢谢你爱我。"

（2）欣赏

欣赏这个层次比感激深入一些。男性渴望伴侣表达对自己的夸赞，"你好棒啊"这样的语言比较能满足他们这个层次的渴望。那该怎么做呢？首先你要把你对他的了解做一个梳理，找出你认可、欣赏之处，这个认可和欣赏并不是平常意义上的，"我觉得你的工作能力很强"，或者"我觉得你的人品很好"，这样的认可显得关系太生分了。

打个比方，你可以跟他讲："老公你发现了吗？其实你的嘴巴长得很好看，让人看着就想亲上去。"也就是夸人要夸到细节上，要夸到一个很小的点上，甚至夸到其他人都没有察觉到的点上。

另外还有双重夸赞。比如说："哎呀我这是什么命呀，长得这么好看的小哥哥做我的老公就算了，还对我这么体贴！天啊，我幸福死啦。"

或者让夸赞更生活化："老公，你辅导孩子功课时比我有耐心多了，你是怎么做到的呀？"

要注意的是，不要敷衍地赞美，因为你的赞美真诚与否，对方是能感受到的。或许你本身就不太会夸别人，要做到夸赞得行云流水可能不容易，但你可以允许自己刻意练习，学会欣赏，学会发现对方身上的好，真诚关注欣赏对方。这样越久你的夸赞就越自然。

（3）崇拜

表达崇拜，最简单的用语就是"哇"这个字，在说的时候可以再配上仰慕的眼神。表达崇拜的困难在于，你内心有没有关注到他已经做到的是什么。很多人会说："我老公就是一个很普通的人啊，他并没有什么让我崇拜的点。"

米亚首先要告诉大家，如果你爱他，那就用心去看看他。尤其是结婚多年的夫妻，不太会去做一些带有仪式感的事情，没有什么激情，没有什么浪漫情结，但是不代表他没有守候在你身边，没有对家庭付出。习以为常的付出最容易被忽略。

比如我老公每个月发工资之后都会第一时间把工资转到我的银行卡里，结婚前几年，我会觉得很开心、很有安全感，不过近几年我收到了通知短信都不会跟他回复一声。还好最近我察觉到了这一点，于是我跟他说："人为什么会不快乐？往往就是因为忽略自己手里的幸福，而等失去的时候又感觉痛苦。是不是特别傻？我有时候就挺傻的，人有时候会不自觉看着远处的东西，而忽略眼前踏实的幸福。这一点我还要修炼，感谢你一如既往地坚定地站在我身边，你始终如一的稳定让我觉得好安心啊，你为我做的和为咱们家做的努力都很伟大。"

其次，每个人都有自己的优势和缺点，你可以观察他常常挂在嘴上的是什么。有的男人常常把工作挂嘴上，有的男人把朋友哥们儿挂嘴上，有的男人把挣钱挂嘴上。他常常喜欢提的话题，一定是他感兴趣的点，是他有点儿骄傲的点，那就从这些方面对他表达崇拜就好啦，比如："哇！你懂的好多呀。你的工作能力比其他人强很多呀。""你人这么 nice（好），身边的朋友肯定都会很喜欢你，怪不得你哥们儿整天要约你出去玩，你的人缘真好。"

最后，可以利用男女差异性。最简单的例子就是，女性为什么拧不开瓶盖要找男性帮忙？自然是因为男性的力气大一些，当他拧开瓶盖，女性就可以顺势表达崇拜。除此之外，可以利用思维上的差异，比如你遇到一个难题，请教他的看法之后，可以真诚地表达："这个问题困住我很久了，现在听了你的思路，我感觉豁然开朗啊，这个问题竟然可以用这个思路去解决，你也太厉害了吧！"

学会这两个技巧，让老公心甘情愿听你的

很多学员都问过我："米亚老师，到底有没有什么话术可以让他愿意和我回到那种甜蜜的状态，让他愿意听我的话呢？"有，可以安排！米亚结合实际讲两个实用的沟通小技巧。

（1）提升高度法

所谓的"提升高度"，是把一句普普通通的话提升一下思想境界，站在更高的出发点向下沟通，这样就可以轻而易举让对方耳目一新，更加受用！

举个例子，当老公在工作中遇到了挫折，垂头丧气回到家里时，直脾气的老婆可能会说："哎呀，这有啥的，还用得着这样了吗？你就不能振作一点儿？"稍微温柔点儿的老婆可能会说："亲爱的，在我心里你永远是最棒的，你要相信自己哦！我会永远支持你的。"

第一种说法除了火上浇油，不会有任何作用；而第二种说法态度上稍微好一点儿，但是仍然是没有加分的内容，因为听了这种话，一般人的内心并不会有太大的触动，并没有被安慰到，而且这套说辞也有一些老生常谈了！那么提升一个高度的说法是什么呢？

你可以更客观地去看待这件事，很快就可以得出一个结论：每个人在工作中都会遇到一些困难，但是如果这些问题可以被解决，事情就一定会往更好的方向发展。基于这个维度的思考，就可以这样说："亲爱的，我听说过一句话，当你觉得走得很累的时候，是因为你在走上坡路啊！就像你现在这样，遇到挫折，是因为你在往更好的方向走，如果一直停滞不前的话，怎么可能会遇到挫折呢？所以别灰心，翻过这座山，前方就是康庄大道了。"

（2）帮男人讲理法

我们都知道，女人是感性的，男人是理性的。在沟通中的体现一般就是，女人会借由感性表达自己的感受和情绪，但男人其实是无法明白女人到底想表达什么的。

这样的沟通不仅是无效的，而且会越谈越乱。你想解决问题，首先要走出自己的情绪，厘清要和男人说的"硬逻辑"是什么，才能达成有效沟通。

比如老公的应酬很多，经常喝酒到后半夜才回家，你会很不开心，自然而然就板着脸，直接怒气冲冲地说："你知不知道经常喝酒对身体不好？你每天这么晚回来，还要别人担心你，这样真的很不负责很差劲！你到底在不在意我的感受，有没有把我放在心上？"你可能越说越激动，直接上升到："这样的生活我真的是受够了。如果你不爱我，不愿意为了我而改变的话，我们就没有必要在一起了，别过了！"

这种强势情绪的表达，的确很容易直接把对方拿捏住，尤其是最后用威胁收官，不得不说有很大的震慑力。可是，这样沟通的效果注定是不佳的。因为男人是偏理性的，他们会更注重内容而不是形式。

男人可能会首先考虑：

第一，喝酒应酬和他爱不爱你并没有必然的联系。

第二，你情绪化的表达，很容易引发他情绪化的对抗。每个人在遭遇负面情绪炸弹的时候，都会不自觉地做出情绪对抗行为，他也会本能地反抗你给予他的指责。

当你脱离了自己的情绪，你就可以用"帮他讲理"的方式，巧妙地提出自己的要求。什么叫"帮他讲理"呢？就是替他把他想开脱的理由说出来，这样他自然没有什么可和你对抗的，还会觉得你特别理解他。

比如还是喝酒应酬这件事，你可以说："老公，我知道这是一个人情社会，你现在喝酒应酬是为了我们这个家，而且你还得考虑我的感受，你也很为难。可是你知道吗？我其实并不想管你，我担心的只是你喝酒、熬夜对身体的伤害，你的身体要是出了问题，那咱们这个家肯定就撑不住了。我就是觉得，咱们是不是可以调整一下，减掉一些没有必要的应酬呢？或者就算应酬，可不可以尽量少喝酒，早点儿回家呢？"

这样的沟通，自然就会让男人觉得自己没理可讲了，也没有什么理由为自己开脱，你顺势提出的要求，他自然也无法拒绝了！

多赞美、少抱怨，生活更甜蜜

《小舍得》这部电视剧非常贴合生活，从当今社会的热点"内卷"现象入手，呈现了婚姻、育儿中无处不在的焦虑。剧里有两个鲜明的人物：一个是优雅知性的南俪，另一个则是时刻"鸡"娃、"鸡"老公的田雨岚。

有句影评非常中肯：每个人都想优雅如南俪，可是不知不觉都活成了田雨岚。这是为什么呢？是因为无论在家庭、婚姻里还是在职场、亲子关系中，我们都不知道自己是什么样子的，也不知道是哪里出了问题，更没有办法去解决问题。很多女人并不是怕付出，甚至更愿意付出，但只是害怕老公看不到自己的付出，还总对自己诸多挑剔，让自己受委屈。

田雨岚常常挂在嘴上的话就是："我整天累得要死，你看不到吗，你就不能帮帮我吗？""我是嫁给你了还是嫁给你家了？""你就只会啃老！你整天只会打游戏，你什么都不会，你什么都不做，我养了两个儿子啊！"

这三句话贯穿全剧，句句都是扎心窝的。可是，当你贬低别人的时候，即便你做了再多，你的付出都不会被别人理解，因为别人已经被动接受了你的负面情绪炸弹，还会说你好强势，那么你的一切付出自然都变得理所应当了。

所以很多时候我们说，做得好不如说得好，就是这个道理。

那么，如何做呢？

（1）多赞美

有一个最简单的方法：用"赞美他"代替"贬低他"。这是一个万能的赞美公式：FFC夸赞法。

feeling：当我们夸赞一个人的时候，先用细腻的语言表达自己的感受。

facts：进一步通过陈述事实来证明自己的感受并非空穴来风。

compare：通过一番比较来表达对对方的深度认同。

比如：每天我一回家就能闻到饭香（feeling），这感觉简直太幸福了（facts），有几个人能像我这么好命，每天都能吃到老公亲手为我做的饭，何况还是那么优秀的老公呢（compare）！

这样，简简单单更换沟通方式，就能让自己脱离"强势妈妈"的角色，让"巨婴老公"愿意主动承担家庭责任。相反，就算是再换一百种花样去贬低对方，对方的表现甚至有可能更差。

（2）少抱怨

怎么让老公成为你想要的样子呢？

举个例子，田雨岚总是羡慕夏君山可以照顾孩子，带孩子学习，但她的沟通方式就是："颜鹏啊，你要是能有夏君山的一半我就开心死了！"可是颜鹏会觉得自己不是夏君山，怎么可能跟夏君山一样？他即便想改，也不知道从何改起。

就像平时你和你老公抱怨："你从来都没给我买过花。"但是你老公会觉得他把挣的钱都给你了，你还要怎么样，喜欢花你可以自己去买啊！

再比如有的女人会和老公抱怨："你从来都不陪我。"然后老公会觉得："我都忙成这个样子了，我还怎么陪你？我整天在为这个家庭付出啊，我在负责任呢！"

处于亲密关系中的两人之所以会产生这样的分歧，就是因为不同的人表达爱的方式不一样。其实不是他不爱你，只是不知道你需要的是什么。所以，你想要什么，直接说出来就好了。比如："老公，你从来没给我买过花，下周我生日，你送我一束花吧。""老公，你最近工作挺忙的，都顾不上陪我和孩子了。周末我们去爬山吧，你也可以放松一下。"

如何让老公用你想要的方式爱你

很多姑娘都会提出这样的问题："老师，你告诉我，他到底还爱不爱我？"每当被问到这样的问题，我也很蒙。他爱不爱你，你自己是当事人都不知道，一个关系之外的人要从何判断呢？

针对这个问题，米亚想说的是，虽然我不知道他爱不爱你，但是我可以告诉你，你之所以分不清楚你身边的男人到底爱不爱自己，是因为你没有一个合理的判断标准。

比如，很多网络上的鸡汤文告诉你，爱你的男人舍不得你难过；爱你的男人是最懂你的人；爱你的男人会用行动证明自己的心，会关注你的细节；等等。你一看身边那个在你生理期还能独自蒙头大睡的老公，难免会产生怀疑，他真的爱你吗？

如果他爱我，为什么没有体现在细节里？不过如果他不爱我了，他平时也有对我好的时候呀。

这就是因为判断标准不统一，产生了疑惑。

其实爱或者不爱，对于每个人来说都是不一样的体验，而且每个人的感受和情绪都是在不断变化的，感情也是如此，所以你只能判断当下他是否爱你。有一个标准：他现在是不是为了和你更好地在一起生活而在努力地解决问题？

比如你不能拿"你在生理期时他没有主动想着照顾你"这件事来判断他不爱你，而应该去想如果你和他说了你在生理期，需要他帮你冲一杯热的红糖水，他会不会去做？他是不是愿意为了增加你的舒适度和减少你们之间的矛盾而去解决问题？

一般情况下，当你用这样的标准去衡量之后，你会发现，很多时候老公不是不爱你，而是不会爱你，不懂如何爱你。

我们都期待可以找到一个真正懂自己的人，能了解自己的喜怒哀乐，知道自己的喜好和小怪癖，自己一抬手他就能默契地知道你是要手机还是想牵他的手。可这样的人在现实中很难找到。

今天米亚和大家分享两个沟通技巧，让你老公用你喜欢的方式去爱你。

（1）设置"爱情开关"

什么是爱情开关呢？就是让你时刻感觉到自己是被爱着的开关。比如有的姑娘很喜欢自己的伴侣对自己说"我爱你"，听到这句话，她就觉得很安心、很开心，这是她用来确定自己是被爱着的一种方式；有的姑娘喜欢自己的伴侣在每天上班之前亲自己一下，或者两人每天能有一段共处的时光，当对方这样做了，开关被打开了，自己就会感觉到很开心很满足。

如果你恰好有个很爱你但又不懂如何爱你的老公，那你可以告诉他："亲爱的，我知道你对我很好，无论我遇到什么问题，你都会积极地帮我想办法解决，但是有时候我需要的可能不是一个完美的解决方案，如果你能在我遇到困难的时候抱抱我，哪怕你什么都不说，我都会感觉好很多。"

这样的表达就可以引导对方按照你想要的方式帮你打开你的

爱情开关。

类似的表达还有："老公，每次我和你吵架的时候，其实我都特别难过，吵完之后我也特别后悔。我也知道自己是在无理取闹，可是你每次都要和我据理力争，这样越吵我越来气，下次如果你再发现我们有吵架的苗头，你一定要刹住车啊，你可以对我说一句'我爱你'，我肯定能消气。没办法，谁让你总是比我理智呢，这个艰巨的任务就交给你啦！"

"亲爱的，你知道吗？其实每次我躲在房间里不出来，或者我不吃饭的时候，我就是在和你赌气呢，我就想让你来哄哄我。要是在这时候你能来哄哄我，我可能就不会和你生气那么久啦。你知道我这个人的，我就是吃软不吃硬嘛。"

当你改变了沟通方式的时候，沟通的结果一定也会改变。学习沟通技巧，就是学会如何更好、更准确地表达自己的想法、自己的感受、自己的需求，让别人更能接受自己。

（2）沟通的一致性

在男人的世界里，最让男人困惑的事情可能就是"女人心，海底针"了，明明想要，却偏偏要说不想要；明明喜欢，却要说不喜欢。

比如老公加班，回家很晚，妻子在家一直等到半夜，其实她是希望老公能够早一点儿回家陪自己的，但是等到老公进家门的那一刻，妻子脱口而出的第一句话就是："你还知道回来呀，你怎么不死外面，你是把这个家当什么呢？"

其实这句话表达的根本不是她内心真正的需求，只是在发泄情绪，给对方造成了伤害，这样的沟通就没有一致性，会让对方很困惑，不知道她究竟想要什么，似乎结果除了争吵就没有其他的选择了。但其实妻子完全可以说，"我想让你多陪我一会儿"，或者"你回来这么晚，我会一直担心你的"。

所以你要检查的是，自己是否做到了沟通的一致性？你想要传递给老公的到底是不是自己真正的需求？传递出去的信息无误，结果反馈才会是对的。感情中的很多美好时刻都是我们自己创造来的，所以大家不要等待着被幸福临幸，而要学会经营，抓住感情中的各种细节，不断地创造幸福。

让老公主动做家务的秘诀

现代生活的压力下，女性往往既要工作赚钱，又要照顾家庭、当妈看娃，平衡家庭和工作，就成了大多数职业女性的烦恼。我认为，我们通过合理的沟通方式，是可以在家庭和工作中做到平衡的。

在米亚看来，婚姻是借由亲密关系发展而来的合作关系，所以对婚姻的维护是否成功，不仅要看两个人的感情是否稳定，更要看彼此之间能否精诚合作。

既然是合作，良好合作的基础就是需要信任和欣赏你的合作伙伴，给予积极肯定，完成共同创造。此外，在遇到矛盾时能够选择合适的处理方式，接纳对方的缺点，最终达成共识。

所以在婚姻的合作背景下，我们想平衡工作和家庭，面临的第一步就是给予对方充足的信任。

有时候，女人对男人做家务总是抱着挑剔、指责的态度，可是女人越抱怨，男人反而越没有空间去做了。

这时，大多数人和老公的沟通方式就是："起开，你别弄了。""去一边待着吧，回头我还得收拾你的烂摊子。""你别碰，放那里，我做！"

讲到这里大家可能就会说了，不是我不想放手，而是我真的不知道怎么表达啊。如果是这样的话，接下来的内容你可要好好看了。关于如何表达，有一个比较简单的操作方法：给予对方直接明确的指令。

和老公沟通，你要做的就是：有话直说，指令要明确。这样他们才明白你的要求是什么，自己该如何做才能不让你生气或者重做一次。

比如你要说："老公，你帮我洗个苹果，再削一下皮，爱你哦。"而不能说："哎呀，我都没人疼呢，想吃水果也吃不到，饿死算了吧。"

再比如你要说："你出门的时候把垃圾倒了，千万别忘了。"而不能说："这个家快成垃圾场了，你是瞎了吗，这么臭你也能待下去吗？"

记住了吗？是明确的、直接的指令。不要绕弯子。当然，如果你还是有不开心、想抱怨的情绪，可以等指令说清晰之后再说。

很多姑娘不懂男性思维，也不懂换位思考，常常以己度人，结果想不到点子上，做不到点子上，也说不到点子上。所以，如果想和男人有效沟通，想要经营好自己的感情，一定要了解男性思维，用他们能明白的方式来做互动，这样才会事半功倍。

前面讲到的内容只是在前期沟通上做一个简单的调整，通过表达来获得对方的反馈与支持，但是真正好的影响是需要一个潜移默化的过程的，所以在沟通时，还要学会用正向反馈引导男人。简单说，你想要一个什么样的老公，就要把他往什么方向积极引导。

不过在这里要注意：一切好的夸赞都源于走心的感激或者欣赏，只有真的走心才能表达出真情实感。同时，不要忽略他为你做的哪怕是很小的事情，不要吝啬你的夸奖。

当男人发现自己的努力能够得到正向回应时，他自然更有积极性，更愿意投入到家务中了。

比如你平时工作比较忙，希望他在清闲的时候可以多做家务，那在他做了家务后你要及时表达感谢："哇，你地板拖得好干净呀，谢谢老公，你辛苦啦。""啊，你把碗都刷好了啊。我的老公不仅工作努力上进，做家务的样子也真的好帅啊！"

如果你想让老公多对孩子上心，多照顾孩子，就要在孩子心里树立一个高大伟岸的爸爸形象，引导老公更加称职，乐意去做超人爸爸。

比如你可以对孩子说："哇，爸爸好厉害啊，这么快就把宝宝的餐椅安装好了，爸爸可真是个全能的超人！""宝宝，你看爸爸对你多好呀，多爱你呀。"

爱情保鲜篇

03

这样聊天，
激活沉睡的感情

如何打破感情里无话可说的局面

衡量一段感情质量如何，可以观察两个人的聊天质量。通过两个人有没有话讲、聊天的时候是什么状态、聊天话题的延展性等，就可以判定这段感情的稳定性。所以说聊天时的状态，是能直接暴露两个人的婚姻状况的。

我之前住在4楼，5楼住了一对小夫妻，他们从结婚开始就整天打得鸡飞狗跳，经常半夜吵架、摔东西。吵架结束还会听见狠狠关门的声音。而我的楼下，住着的是一家三口。我对楼下夫妻俩的印象就是两人形同陌路，无论什么时候碰到他们，两个人都隔得远远的，交流更是谈不上。

一年之后，楼下的夫妻离婚了，他们给我留下的唯一有声音的回忆，就是他们离婚搬家时物件发出的声音。他们就连分家产、离婚搬家，也没有任何的互动交流。而我楼上的那对小夫妻，虽然还是天天吵，可比起楼下冷战到底的夫妻来说，关系还算稳固。

有的婚姻虽然看上去千疮百孔，但即使这样，也好过一段无话可说的婚姻。在一段亲密关系中的无话可说，看似波澜不惊，实则暗流涌动，这背后暴露出来的问题，招招毙命！

米亚总结了一下，一段婚姻如果走到无话可说的一步，一般会有以下几种情况：

（1）太过熟悉而厌倦彼此

在这种关系中，两个人没有沟通的欲望，看到对方就像照镜子，跟对方说的最多的一句话就是"嗯"。表示惊讶、疑问、质疑、反对等情绪和态度也只用一个"嗯"字，实在被逼无奈了或者觉得家里太安静，最多会再说一个"哎"。

那么，问题出在哪儿呢？米亚认为，其实就出在两个人都没有用心去关注对方。如果你的婚姻正处于这样的状态，你该怎么办呢？告诉你，可以通过角色换位，制造一点儿新鲜感。

我们可以利用自己对对方的熟悉感去换位，去打趣对方，比如当他又要说"嗯、嗯"或者"哎"的时候，你可以抢在他前面先说，这时，他可能会觉得很有趣，而改变对你的态度。同时，你这样做，也是在无形中提醒对方：你看，你想说的我都替你先说出来了，一成不变的目前就你一个人了。

如果你的老公也意识到问题，那你就可以借此机会，开诚布公地说："老公，我觉得这段时间我俩的状态都不是特别好，我最近工作压力比较大，疏忽了你的感受，你是不是在心里怪我了呀？要不我们这周末去浪漫一下，放松放松吧！"

此外，也可以在对话中带入一些角色，如皇帝和宠妃、"受气"男友与野蛮女友等。

比如老公回家一脸不开心，这个时候你小心躲避或者以暴制暴，其实都不是明智的选择，不妨换上真诚的笑容，一把搂住他的肩膀说："怎么了？兄弟！有什么不开心的事，你跟大哥说，大哥帮你解决！"或者，一脸委屈地撒着娇："哎呀，皇上啊，臣妾知道您忙！可您也不能把我忘了啊！您来我这了怎么也不开心呢！是臣妾哪里做得不好，惹您生气了吗？"

（2）逃避沟通

如果你的老公正好是回避型人格，你应该会有所感知：他解决问题的方式是回避。但他并不是刻意冷战或者故意气你，而是他遇到问题，就直接进入回避状态。对他来说，回避是安全的。

所以你应该去引导他，告诉他，你理解他的想法，他在你面前是安全的。"老公，我知道你目前不想和我说这件事，但我想和你说，无论你怎么想，你都是可以跟我说的，我不是无理取闹的人。站在你的角度，我完全可以理解你做出的这一切决定。可如果我们总是这样，遇到问题就不说了，这件事也不会消失，对吗？"

他真正说出自己的想法的时候，就是你们有效沟通建立的开端！有了这个开端，你们只要增进理解，就可以维系和稳定感情。

（3）心存怨气，刻意抵抗对方

这种情况的解决方案，首先就是要学习情绪管理。管理好自己的情绪，才可以摆正心态和对方友好地沟通。我们都知道，吵架难免出口伤人，两个人揪着小问题不肯放，反复翻旧账，跟最亲密的人撂狠话，发泄自己已经爆炸的情绪……

很多姑娘都知道这样做于事无补，暗自骂自己"婚恋情商低"。其实，这就是典型的不会控制自己情绪的表现。我们一旦被情绪奴役，就会接二连三地犯错误，做出不理智的行为。

所以，聊天时一定要控制好情绪，尽量避免争吵。

巧用三个"说"，让你和老公聊得火热

在我的咨询工作中，很多学员都会兴致勃勃地谈论自己的蕾丝花边衣服、口红什么色号、自己的猫咪吃什么口粮……但就是不肯问一句男生今天上班累不累、加班有没有吃上饭，这就非常尴尬了。

其实女孩们喜欢这样的表达和展示，我是能理解的，因为女人天生就喜欢被关注的感觉。但是这样做，往往容易让人忽略最重要的换位思考。

想一下，如果你是男人，一直在给女人回应，提供情绪价值，你会不会觉得很累？男人也需要表达，也需要被关注、被欣赏、被认可，所以这也就不难理解为什么聊着聊着，男人就不说话了。

在聊天时，你如果只是过多地关注自己想要的是什么、喜欢吃的是什么、想说的话是什么、想表达的内容是什么……那么一定会引起对方的反感。

经营关系跟聊天沟通一样，都需要寻求一个平衡点。你关注对方多少，对方也会关注你多少。

还有一些身处婚姻中的女性，太习惯把老公当作自己人了，完全忘了婚姻跟恋爱不一样，并不是我们自己怎么舒服就怎么

来，怎么开心就怎么聊。所有的关系如果想要长期维系，都是需要经营的。屋子长时间不打扫都会落灰，何况是婚姻呢？

沟通的时候，轻松自在的心态会让关系更亲密，而真正的换位思考可以让关系更甜蜜。米亚在这里总结了三个"说"，帮助你与老公更顺畅地沟通。

（1）可说可不说的话，那就不说

很多女生在和自己男朋友或者老公发微信的时候，常常会发大段文字，更有甚者还不加标点符号。为此我专门采访了一下我身边的男性友人，他们几乎都会说，收到大段文字会感到恐慌、有压力，往往不知道怎么回答或者有无名之火。这点跟女生不一样，多数女生如果收到对方发来的大段文字，可能会觉得自己是受到重视的。但是男人们怕这个，所以在和男人沟通的时候，往往越精练越简单的文字，越可以跟他们保持同频，让双方都没压力。

另外，有的女生表达是没有重点的，在关键时刻要么又说前因又说后果，要么前不着村后不着店。这可能是因为她们很注重自己的感受，或者很敏感，很在意细节，所以会有很多情绪、情感上的流露。就像电视连续剧《都挺好》里面的苏明哲，天天把"你太让我失望了"和"我是苏家的老大"等废话挂在嘴上，实际上起不到一点儿作用，反而容易激化矛盾。

所以，女人在和男人沟通时，再多情绪上的描述也很难将自己的感受传达给他，还不如直接跟他说一句："我生气了，因为……""我伤心了，因为……"

（2）你想要什么，请直说

我有个学员马上要过生日了，她很担心老公忘了，但又不好意思自己主动提，所以她用了这样一个办法：

周末她和老公到海底捞吃饭，其间她不停地问老公："海底捞都有什么特色服务？"老公实在没想到需要回答的是庆祝生日的服务，结果回答了四五个答案都不对。我的学员当场就伤心地哭了。

后来她再给我讲的时候，自己都不好意思地笑了。其实这样的情况一点儿也不可笑，有太多女生会走进这个误区了，因为这些女生的内心独白一直都是："我想要什么，我不能直接说。如果直接说我就没面子了，而且也没有意思了。"实际上却是，你不说，男人真的猜不到。所以，还不如大大方方告诉他："嘿，我想你了。"或者直接告诉他："我们俩吵完架之后，我其实是希望你主动来找我的。"

（3）没法解释的事，拐个弯再说

很多女生最经常犯的错误就是乱发脾气！可发完脾气后回头

再一想，又往往觉得自己也不占理，但又不好意思去和老公低头认错。于是，自己一个人尴尬地挺着，又理亏，又后悔。这时候该怎么办呢？米亚分享给大家一个这样的方式：

你可以悄悄地站在他附近，不用对着他，对着空气自言自语："很久很久之前，有一个特别美丽、特别可爱的小公主和一个特别帅气、特别威武的小王子生活在一起。突然有一天，公主中了巫婆的蛊毒，得了失心疯，一不小心伤害了小王子，让小王子非常伤心。现在小公主已经清醒了，却找不到小王子了，哎呀好伤心哪！"

你老公看你这么卖萌装可爱，拐着弯跟他道歉，他一定也不会跟你计较的。

在亲密关系中，如果和对方产生分歧，这时能冷静下来，用说话技巧化解矛盾的女人，都是人生赢家，她们完全可以靠着一张嘴，就拿到婚姻的掌控权。

用情景代入法聊天，缓解沟通中的无力感

很多朋友给我留言，说自己就是不会聊天，不会沟通，问我有没有一个一学就会、实操性强还不费劲的办法。当然，我会建议这些一点儿都不会沟通的学员先去学"三感沟通法"，用感受、

感情、感觉增强沟通力。感情中 80% 的问题，都是可以通过有力的沟通解决的。那么有力沟通和无力沟通的差别在哪里呢？

比如同样是表达感受，有的人会说："我给你发消息，你五六个小时才想起来回，你什么意思呀？你干吗去了？跟谁在一起？你是不是不爱我了？下次你再这么慢回复我消息，就不用回了。"有的人就可能会说："我给你发消息，你五六个小时才回，我吓死了！你开车一定要注意安全呀，我刚才一直在胡思乱想，都担心死了。你下次如果有什么事要忙，很久不能回我消息，能不能提前跟我说一声？"

感受到这两种表达的区别了吗？一种是强势逼问，一种是以退为进。结果肯定有天壤之别。

所以，千万不要学了表达感受，就不做情绪管理，肆无忌惮地说心里话。感受跟感受之间还是有很大区别的，如果你实在掌握不好，那也要记得至少不要指责。尽量不要说"你让我怎么怎么样"的句式，比如"你让我生气，让我崩溃，让我心碎"。可以说的是，"这件事让我很伤心，让我很难过"。记住，不是对方让你如何，而是事情本身给你造成了什么影响。

我们首先要搞清楚学习沟通技巧的目的，是事半功倍地解决矛盾，而不是火上浇油。所以遇到问题，我们要先处理好情绪，再用沟通技巧解决问题。

这里介绍的沟通技巧就是：利用情景代入，去构造画面感。

比如老公出差了，他在微信里跟你说："哎呀！今天好累呀，连着开了五个会。"你的回复会是什么？我有个学员的回复是："啊，这么忙呀，你辛苦啦。"

这个回复是正确的废话，不会引起对方任何情绪波动，说了等于没说。

所以我建议她下次可以换成："哎呀！宝贝，好想飞到你身边去抱抱你呀，今天是不是累坏了呀？摸摸头。"

或者晚上互道晚安的时候，你可以把"晚安"换成："好想你呀，要是我现在可以抱着你，躺在你怀里，你肯定会摸摸我的头发，我就冲着你傻乐，一直乐。"

这样的表达跟之前的表达，差别就在于，你营造了画面感，好像你真的跟他在一起。就像房屋销售，如果只是说这个房子面积多大、有几个房间，那么我们脑袋里只会呈现一幅户型图。但是如果销售说："你看这个阳台，很适合你们夫妻下了班坐在这喝喝茶，看看夕阳聊聊天。这个厨房是开放式厨房，您爱人做好饭，直接在这喊您吃饭就好了，也是特别温馨啊。"这就是所谓的画面感，这样沟通，情感温度自然就上来了。在聊天中带入情景，构造画面感，可以让语言呈现可视化效果，使要表达的意思更直观、更生动，也能快速拉近两个人的心理距离。

比如工作日，你午饭后给老公发微信："我今天中午吃饭的时候，看到你最喜欢吃的西红柿面，我差点儿多点了一份哎，周末我们在家做这种面吧。"这样老公就会被你代入情景中，不自觉地想两个人在一起吃饭时候的感觉，这样传递过去的消息是有温度的，是可以让对方感知到的，比一句干巴巴的"老公你干吗呢？我刚才吃饭的时候想你了"要有力量很多。

或者，夫妻吵架的时候，你可以跟你老公说："刚才你大声跟我说话的时候，我心里害怕死了。你知道吗？我感觉自己就像个做错事的孩子，都呆住了，一句话都说不出来。刚才自己偷偷躲在被子里哭了好久，我觉得天都黑了。我知道你不是故意跟我大声说话，但是你以后能不能别再这样吓我。你摸一下，我现在手还是冰凉的。"

以上是具体的例子，大家可以根据自己的实际情况再调整发挥。

老公越来越不爱说话了，怎么办

很多学员都和我提到过类似的感慨：

刚谈恋爱的时候，男人就像牛皮糖一样黏在我身上，恨不得 24 小时每一分每一秒都要和我共享，两个人无论说什么话题都能聊到天荒地老。但是婚后，老公就像摆设一样，回到家里就是室友，他打他的游戏，我逛我的淘宝。可是这样的婚姻又有什么意思呢？毕竟我们女人都是感性动物，是需要被理解和被倾听的啊！

关于这个问题，我记得知乎上有一位男同胞是这样说的：

因为说多错多，声音小了被说不够重视，声音大了会被喷态度不好；不看着她会被骂做贼心虚，看着她会被骂"你看什么看，你有意见吗"，要么就是"你还有脸看我啊"，所以，沉默是金，不说话保命。

这个答案获得了几十万个赞。

虽然这个答案也有些极端，但我们可以从中看到，很多男人在这个问题上也充满困惑，不知道该以什么样的状态和自己的老婆沟通。我们要先澄清下，你的老公不爱说话的原因可能有千万种，并不一定就是冷暴力。

第一种情况，思维不同步造成的沟通不同频。

第一种情况也是最常见的一种情况。举个例子，在吵架之后，其实男人怕的不是说"我错了"，而是自己说完"我错了"之后，女人一定会问的那句"那你错哪儿了呀"。

很多男人在不说话的时候，他的内心想法常常是："算了，好男不跟女斗！""嗯嗯，你演吧，我就静静地看你表演。""这事没什么好解释的啊！""你就问问问，可我说了你也不理解呀！"

大家要知道的一点是，男人和女人的脑回路真的不一样，男人很多时候是真的不明白女人心里在想什么。两个人思维不同步，就会造成沟通不同频。

罗兰·米勒在《亲密关系》中提到了一种结构化的表达方法，可以帮助我们精确地描述自己的想法，避免和对方因不同频的分歧而产生沟通障碍。

这个结构式表达只要XYZ三个步骤，因此也被称为"XYZ陈述法"：X代表具体情境，Y代表他人的具体动作行为描述，Z代表自己的感受。

比如我们表达自己的想法时，就可以依照以下格式：当你在X（情境）下做Y（具体的行为描述）的时候，我感到Z（第一人称陈述自己感受）。

举个例子：

老公晚归，一进门不等他脱鞋，妻子就责问道："呦，你还知道回家呀，你怎么不在外面过夜呢？你还回家干什么呀，你当这里是旅店吗？也不知道你整天在外面鬼混些什么？"

妻子想表达的是对老公晚归的担心，但是传递给老公的显然是责怪，那么这时老公也不会有很好的沟通态度，一场冲突在所难免。

其实在这个时候，我们可以用XYZ陈述法这样表达："你今天12点才回家（X情景），没有提前打电话说一声（Y具体行为），我和孩子都在等着你，也会担心你（Z自己的感受）。"

在表达完情绪之后，你可以继续用"我希望……"的句式说出自己的需求。比如"我希望下次你要晚回来的话，可以提前跟我打个招呼"。

打破沉默关系，需要双方共同努力。在表达时，至少要把"你不好"变成"我需要"，认真倾听对方说话。这种结构式表达的重点就在于说出自己的情绪、感受。这需要我们平时多感知自己当下处于什么情绪状态。当我们开始表达自己的情感需求时，对方才会知道我们心里的真实想法和感受是什么，进而知道他究竟应该如何做。

第二种情况：男人也是宝宝，也会有小情绪。

很多女人认为，男人就该有胸怀，男人天生就该理解女人，包容女人，化解女人的小情绪。可她们忽略了一个事实，每个男人的心里都住着一个小男孩，小男孩也是会生气的，也会有脆弱、难过、孤独、悲伤等负面情绪。

男人在处理负面情绪时，最常见的方式就是：压抑和回避。当一个人把心理能量用于压抑和回避自己的负面情绪时，他是没有太多剩余的能量去沟通表达的，所以我们看到的结果就是：这个男人的话越来越少。

另一半与你无话可说，你以为是爱不在了，殊不知这根本不是双方的关系出了问题，其实只是他自己有了情绪问题。

很多人都很害怕吵架，可是吵架有时候是情绪爆发的宣泄口，也是检验感情好坏的方式之一。很多情侣在吵完架、发泄了情绪之后，反而能够顺畅沟通了。所以你要学会的是，在这样的情况下，给男人一个释放的空间，比如可以用共情的方式告诉他："你现在是不是不想说话呀？那就歇会儿，没关系。""你最近是不是很累啊？我等你想说的时候再说吧。"

当你表达出对对方情绪的接纳的时候，对方才会真正感觉到他的情绪是被允许的，在这样的情况下，他可能才会愿意把自己内心的一部分打开，愿意向你敞开心扉。

当然，你也可以选择一些肢体语言，比如无声的拥抱、温柔的抚摸等，表达出你对他的脆弱的接纳。当你了解了他的心理状态，你简单的行为和语言就会有四两拨千斤的作用了。

高情商沟通让你更有魅力

经常有学员会问我："到底什么样的沟通方式才算是高情商的沟通呢？我也知道情商是要修炼的，但是我还是想问问有没有一些简单易行、立竿见影的方法？"米亚下面传授几个简单的小方法，让你秒变高情商女王。

说到高情商，我们首先要知道的是高情商和低情商的区别在哪里。在我看来，最明显的一个区别点就在于，情商低的人在沟通的时候通常不会关注对方的情绪，一般只会一股脑儿把自己想说的话先说出来，按照自己的想法去聊，怎么直接怎么痛快怎么来。而情商高的人在沟通前会考虑到自己以及对方的情绪，懂得换位思考，也懂得延迟满足——正是这几点因素造就了一个良好的沟通氛围。

举个例子，情人节刚刚过去，没收到老公礼物，低情商的姑娘一般会选择直接讨伐、羞辱，比如会说："呵呵，果然我就是一个不被珍惜的人。我身边的 ×× 样样不如我，可是你看人家老公，简直了，人比人气死人，没有对比就没有伤害，我要你这个老公还不够丢人的，平时指望不上就算了，节日里还要遭受这种伤害！"

这样一大堆不经思考的话先倒出来，结果，即便老公真的忘了准备礼物，他仅存的一点儿内疚也被你骂光了，只剩下对你的愤怒，这个结果是你想要的吗？

可是如果你换个高情商方式说："唉，虽然今天别人都在过节，我也有点儿羡慕，不过转念一想，我觉着，其实不是只有鲜花和礼物才浪漫，你一直陪在我身边，愿意听我碎碎念，就很浪漫。"这样，既缓解了尴尬，也让老公知道你在羡慕其他人，甚至到最后还暗示了他对你的好你都记得，即便他不补一个礼物给你，下一次节日他一定也会格外重视的。

你看，其实关键时刻的这一句话就决定了你们关系的走向。

所以遇到问题不是没有办法，而是你需要了解和学习。接下来我们就来分解一下，如何套用我刚才说的步骤（考虑情绪—换位思考—延迟满足）去促成高情商沟通。

（1）考虑情绪

沟通千万条，情绪第一条。情绪何其重要，可以说是营造良好沟通氛围的首要条件。这里说的考虑情绪指的是，我们要在谈话时考虑到自己和对方的情绪。比如我此时此刻心情很糟糕、很郁闷或很烦躁，如果我带着这样的情绪和别人说话，那么不管我说什么，都无可避免地会让别人感觉到别扭和不舒服。

同样，假如对方现在情绪非常糟，而你特别开心地跑去和他说："哎，你看外面阳光这么好，你快不要难过了，来，嗨起来呀！我们一起出去玩吧！"你这样说完，对方一定不会觉得自己被安慰到或者被你的积极热情感染到，甚至如果对方脾气不好的话，没准儿会让你滚远点儿。

所以，在你开口前，先深吸一口气，来个灵魂拷问：此时此刻，我的情绪如何？对方的情绪如何？

（2）换位思考

我在工作中常常碰到这样一种情况，很多学员都觉得自己特别会换位思考，可是她们的换位思考都是错的！因为她们理解的换位思考就是：让我来猜一下他现在是怎么想的。这可不是换位思考，这就是瞎猜！

正确的换位思考是：用对方的思维模式和惯用逻辑来推测他的想法。

比如遇到男生不回消息这种情况，80%的女生都会很焦虑，而借此换位思考得来的结论往往也就是：是不是我哪句话说错了，得罪他了？他是不是不喜欢我了？他是不是在和别人聊骚呢？他是不是故意晾着我？……

而事实上，对方就是一个大直男，他平时除了上班就是买菜、遛狗、打游戏，一共就四件事，我们按照他惯用的行事逻辑去推测，他如果没及时回复消息，八成是在打游戏或者遛狗。

看，我们在这样截然不同的换位思考的模式下，得出来的结论也就完全不同，所以沟通效果也自然完全不同了。而一个高情商的人必然是真正懂得换位思考的人。

（3）延迟满足

我们经常会听人说一句话：有句话不知道当讲不当讲。其实当一个人说这句话时，他一定是想要说：这句话如鲠在喉，我不吐不快。

而一个真正高情商的人，往往都能"憋得住"。憋得住是一种能自我消化情绪的能力，经过这样的消化，你想说的话就已经通过考虑情绪和换位思考被加工过了。

> 我的学员经常会问我："米亚老师，我正在和我老公吵架呢，你快帮我想想怎么能吵得赢？"我会提醒她们："你还爱不爱他？想离婚吗？"她们往往说："我不想离婚，我还爱他，就是想出一口气。"我说："那这样就好办了，你啥也别说，自己出门，逛街、做美容、按摩都行，先自己玩一会儿。咱们等回来再吵。"而当她们再回来的时候，无一例外，没有一个还想吵的。

做到这三点，让你的婚姻生活更幸福

不知道从什么时候开始，很多人越来越坚信"婚姻是爱情的坟墓"。生活节奏越来越快，单身群体逐步壮大，离婚率居高不下，问题到底出在哪儿？难道真的仅仅是因为结婚，爱情就死了吗？

实际上，不结婚，爱情才可能会死，会消亡，会解散。而结了婚，爱情不会消失，它可以转移，化为亲情、兄弟情、战友情，只有这样，我们才不会失去它，而是换一种方式拥有它。

所以别着急说，"我的婚姻就如同一潭死水，我已经对婚姻绝望了"，先来看看，是不是我们的打开方式错了呢？怎么和另一半沟通才能在婚姻里找到乐趣，而不是抱着悲观的态度看待问题呢？

第一，审视自己是不是对待婚姻的态度太绝对了。

就拿我自己来讲，我跟我老公在一起快 10 年了，如果还谈什么爱情啊、激情啊，未免也太梦幻了。我反而认为在婚姻里，我俩比较良性的状态就是，出门的时候我跟老公是并肩战斗的好战友，回到家关上门我们是互不嫌弃的好哥们儿，不管前一秒为了什么鸡毛蒜皮的事而剑拔弩张，下一秒都可以不计前嫌地同对方说："哎呀你别动，你衣服领子折在衬衫里面了，来，我帮你弄一下。"

所以，我们在聊天中要学会找生活中的话题把彼此的负面情绪带走。在婚姻里其实没有那么多值得矫情和在意的东西，如果我们对每一个矛盾都要和对方争个你死我活，日子是过不下去的。我们要把握住的是界限感和底线，而不能是层出不穷的斗争。

　　我有个学员，有一次跟老公正在为了晚饭后谁洗碗而剑拔弩张的时候，突然门铃响了，邻居来借鸡蛋。她一脸怒气地去开门，一看来人就像看到救星一样，开启了吐槽模式："哎呀真是气死我了，我就让他洗个碗，我都快累死了，我又做饭又看孩子，他可好，整天回家就坐在那里打游戏，话也不跟我说一句，这日子没法过了……"邻居一脸蒙圈儿地站着，心想我只是来借个鸡蛋而已。她老公更是尴尬，直接穿衣服走人了。

她跟我说这件事的时候，我给她的意见是，如果再碰到这样的事，不管你们在家吵到什么地步，有人来访，你们至少要达成一个默契，放下内部矛盾，当然，你更可以借着这个机会一边开门，一边大喊一声："老公，你别碰碗啊，一会儿我去洗！"顺便跟邻居说："哎呀，让男人洗碗总是不放心，他们不是把碗摔了就是洗不干净，是不是？再说，相比看孩子写作业这类的，我还是愿意洗碗！"

基本上跟邻居吐槽完，老公八成已经开始洗碗了。等邻居走了，之前剑拔弩张的事还在吗？当然不在啦。这时候你从他背后软软地抱着他，说句"辛苦老公洗碗啦"，感谢他的付出，他还会觉得不平衡吗？这样的互动是不是要比你直接让他去洗碗的体验好很多呢？

第二，不要因为习惯彼此的存在而沉浸在自己的世界里。

第二个问题也是老夫老妻们常常会碰到的问题，因为太习惯彼此的存在，而总是不自觉地沉浸在自己的世界里。

上个周末，我跟闺密一起逛街时，她老公给她打电话，特别兴奋地和她说："老婆，我今天签了三个合同！"声音大得我都听到了。

我闺密当时的回复是："哦，我们在逛街呢，我刚刚买了姨妈色的口红，你知道这是什么颜色吗？我等下拍照给你看哦！我刚刚还试穿了两套××牌子新款的衣服，我发现我竟然瘦了！哈哈！"说完她就一脸期待等她老公夸她美夸她瘦，结果她老公说了句："哦，那你们逛，我挂了。"

我闺密一脸蒙圈儿地看着我说："这人是不是有毛病，跟我打电话又不跟我讲话。"我也一脸蒙圈儿地看着她，说："你确定你真的不知道你有什么问题吗？"

在聊天的过程中，一旦对方感觉到你根本不在乎他的存在，他是没有动力跟你聊下去的。

补救的方法是你要关注到对方，找到对方的兴奋点，立刻把对话重心拉回去。

比如我当时就让闺密立刻给她老公拨回去电话，说："刚才身边有人啊太吵了没有听清啊，你是说你签了三个合同吗？怎么做到的？这也太棒啦吧！我刚还给你买了个神秘的小礼物哦，等晚上回家给你看哦！"

说到这儿，肯定很多人要问了：那就是都说他开心的、他愿意听的了，我想说的都不让说，还不把我憋死了？这当然不是说你们聊天的话题要一直围绕着对方，而是要把握好一个度。

就算你们已经是老夫老妻了，你的任性和随意发泄也要有张有弛，分情况看条件。因为没有任何一个人会永远围着我们转，聊天是这样，维护感情更是如此。你想得到对方关注的前提永远是你也在关注他。

第三，婚姻生活的沟通中最重要的一点，就是要学会让步。

爱情伊始，在你眼中他总是闪耀着金光，但随着岁月的打磨，彼此的爱慕会逐渐淡化，这时，我们该怎么做呢？米亚觉得，我们可以站在远一点儿的地方去欣赏他，这样才能不断地发现他身上的魅力。

我老公是一个很理性的直男，而我偏感性，所以我常常会提出很多要求，比如每天上班之前我们都要抱一下，相互说一句"我爱你"。尴尬的是，自从我提出这个要求以来，他没有一次主动来抱我，或者主动跟我说"我爱你"，全部是我主动！但我看到的是，每一次我抱了他，看着他的眼睛跟他说"我爱你"，他会更用力地回抱我一下，然后亲我的额头说"我也爱你"。

其实让步给他，也是让步给自己。如果你想让他说你好看说你漂亮，那你可以先说"老公今天好帅好有魅力"；如果你想让他认错，你可以先说自己做得不好的地方。婚姻既然是一场合作，那么我们需要共赢，让彼此都在婚姻中获得自己需要的幸福；我们需要成全彼此，让彼此都能在婚姻中收获更美好的自己。

婚后感情越来越淡，怎么办

都说结婚可能是一时冲动，但离婚一定是经过深思熟虑的。一时之间的激情可以让人们有进入婚姻的冲动，却难以维系平淡琐碎的日常。当激情褪去，两个人面对每天的柴米油盐酱醋茶，难免会心生倦怠。

面对日渐冷淡、没有激情的婚姻，我们应该怎么办呢？难道婚姻出现问题，离婚是唯一的解决方法吗？

心理学家提出，婚姻中往往会有不同的阶段。我们知道，从激情期到平淡期本该是一个正常的过渡阶段，但是如果从平淡期过渡到了冷淡期，长期冷淡的关系无法调和，这中间一定是出了问题。

我的学员小田曾经遭受婚姻冷淡期的折磨。她跟老公是大学时相识的，老公高大帅气，又是她的初恋。两个人刚在一起的时候，情投意合、你侬我侬，没想到结婚才两年多，俩人的感情就直转急下，更准确地说，自从小田怀孕以后，老公对她的关心越来越少。小田感觉老公总在逃避家庭生活，对家里的事情毫不上心。用小田的话说，现在的婚姻就是一潭死水。甚至她有时候都主动找事，挑起事端，让老公跟自己吵几架，至少这样自己在老公面前还能有些存在感。

但是每次吵完架之后，老公的反应反而更加冷淡了，对小田表现出一副忍耐到极限的态度。小田非常担心这样的日子继续下去，离婚就是早晚的事情了，于是她找到了我。

我先让小田回忆了一下，她跟老公的关系最初出现裂痕是什么时候。小田想起来，说是她刚怀孕的时候。小田是家里的独生女，一直以来生活比较优越，因此她觉得自己怀孕了，理应被格外关注和照顾，所以在怀孕期间，小田对老公提出了很多要求。而且她说，那段时间不管老公在干什么，她都很不喜欢，比如老公跟她说："我打算去看××电影。"她的回复就是："那个烂片有什么可看的。"老公说："我想看看。"她说："那你就下班在公司看，不要在家里看。"

小田说："老师，我现在能感觉到我这样沟通好像也不对，可是我不知道哪里出了问题。"

这个问题就涉及米亚下面要介绍的，婚姻沟通中的几个关键要素。

（1）不带敌意的深情

我们在沟通中，常常会有一个思维习惯——我是对的，你是错的，所以很多时候我们在沟通中会有意或无意地表达出对对方的一个评价。就像小田跟老公的沟通，她虽然没有直接攻击老公，没有明显的指责和抱怨，但是她评价老公想看的电影是烂片，其实也是在否定老公，她要求老公在公司看完电影再回家，也就是不接纳老公。

看上去只是简简单单的两句话而已，背后的问题却很严重。想让对方愿意跟你聊天，你一定要做一个合格的倾听者，让交谈的氛围和谐，不争对错，不评价，不指责。当然，这也不同于"就这样吧，你说什么都是对的""我不想跟你争论这种话题了"。为了避免关系恶化而去表达抗拒，同样没必要。

我告诉小田，她再跟老公沟通的时候，如果感觉到自己有情绪了，就把沟通分为三步：

第一步：停下来问问自己，想说的第一句话是什么。

比如小田说的"那个烂片有什么可看的"。

第二步：审视自己的这句话是否带有个人情绪，是否带有指责和评价。

"烂片"这个词虽然没有直接评价老公，但是也侧面否定了老公的品位，评价了老公的想法是负面的。

第三步：去除评价，只呈现态度。

小田在意识到前两点问题之后，主动问我："老师，那我是不是说'这部电影里有我喜欢的明星'，会好很多？"我说："是啊，这个就只代表我们的态度，而没有情绪上的评价。"诸如此类的沟通方式有很多，比如不是抱怨"我们好久都没有一起看电影了"，而是说"我们上次是什么时候一起看电影的呢？我有点儿记不起来了"。

婚姻不同于恋爱。恋爱的时候，两个人往往会因为共生的感觉而对彼此的接纳度很高，但婚姻就像是人性的放大镜，会将两个人隐藏的、包装得很好的一些缺点展露无遗并且无限扩大。

婚姻在给我们提供安全感的同时，也让我们不得不去面对真实的自己。这也是为什么说，一段好的亲密关系可以让我们不断在其中成长，就是因为在亲密关系中我们可以看到自己缺失的部分、自己需要改善的部分，而与自己的缺点、自己的黑暗面做深入的互动，才能让我们真正成长。

（2）给平淡的生活创造新鲜感

爱情因为有激情的加持，所以让人充满向往，而婚姻的琐碎打碎了人们对于浪漫的幻想。

婚姻走到平凡，走到平淡，甚至走到无话可说，还有一个很重要的原因：我们放弃了平淡生活中的美好梦想。

在长期的婚姻生活中，我们往往让自己毫无保留、毫无悬念地呈现在老公面前，甚至整天素面朝天，不修边幅，更别提注重沟通技巧了。

在这里，米亚就给大家讲几个增加新鲜感的小技巧。

第一，换个腔调，换个语速，模仿对方说话。

如果你们平时大多用普通话沟通，那么偶尔也可以用方言沟通，比如学一些撒娇的台湾腔，两个人在吵架的时候，你换这个腔调跟对方沟通，就算对方很生气，他也发不出火来啦。

或者换个语速。比如说话很快的姑娘，可以尝试把语速放慢、放缓，立刻就会给对方一个不一样的感觉。

还有就是可以模仿对方说话。比如我平时在跟我老公聊天的时候，经常会模仿他在给下属开会的时候说的几句话，突然一下子很严肃地跟他说："你下次注意这个问题。"他跟我说："我也爱你。"我也会一脸严肃地跟他说："收到，谢谢。"

诸如此类可以更换的角度其实很多，关键是我们要脱离惯常的情境，用自由放松的心态去跟对方沟通，新鲜感的氛围自然就营造出来了。

第二，更换角色。

比如还原一些影视作品里的经典人物对话、经典的角色，等等。

第三，更换内容。

当我们的日常婚姻生活被眼前的苟且淹没时，我们常常会迷失，忘记了诗歌和远方。所以，试着和你的老公沟通一些日常琐碎之外的话题，会给平淡的生活带来很多新鲜感。

两人长时间宅在家里，怎样才能不产生矛盾

我身边有这么一对夫妻，两口子都是我的朋友，结婚十几年了，风风雨雨都一起抗过来了。可在新冠肺炎疫情刚暴发的那几个月里，两个人隔离在家，朝夕相处，时间长了就开始闹离婚。因为没了独处空间，两个人哪儿哪儿都看彼此不顺眼，用他们自己的话说，就是一天都过不下去了。

哈佛社会心理学教授丹尼尔·吉尔伯特说过这样一段话，我

觉得很有意思："当某种体验的次数越来越多，这种体验带来的幸福感也会逐次减少。心理学家称这种现象为'习惯化'，经济学家称之为'边际递减效应'，而我们则把它叫作'婚姻'。"

婚姻是一个长期合作的项目。被迫隔离在家的这段时间，两个人待在一起的时间大大增加，很有可能使得疲惫的婚姻中一直隐藏的问题爆发出来。

如何减少婚姻中的倦怠感，让夫妻双方重拾激情？如何减少摩擦，让感情越来越好？这里有几个技巧。

（1）婚姻小游戏

有时候婚姻关系出现问题，往往不是因为我们不认真，而是因为我们太认真。我们认认真真地去做好妻子、好妈妈、好儿媳，却忘记了，亲密关系中更重要的角色是做自己。学会取悦自己才是亲密关系中的第一课。

怎么取悦自己呢？最简单的就是一定要让自己开心起来呀。只有自己的内在是充满快乐的，你才会潜移默化地影响到你的另一半。

比如我自己，那段时间我和老公也一直隔离在家，开始一两周还好，到后来难免互相看不顺眼。加上被困在家中，两人多少都有焦虑情绪，偶尔说话的时候也隐隐感觉彼此都要炸毛了。

于是有一天晚上睡觉前，我跟老公说："咱俩明天做个游戏，明天一整天，谁也不跟谁说话，也不要发微信，实在有事沟通就用眼神和手势，怎么样？看看咱这老夫老妻还有没有默契？"

他觉得挺有意思，痛快地答应了。

我一般起得比较早，第二天早上我起床打扫完房间后，把卫生间的厕纸都拿走了。

等他一起床，我立刻跑过去，跟他比画了一个堵上嘴的手势，提醒他别忘了今天不说话。结果他进厕所没多久，就"哐哐哐"地敲厕所门，我开始还在附近偷偷地笑，后来实在忍不住就大笑出来。

这下他知道了我是在捉弄他，可是因为答应了玩游戏，他急得不行又拿我没办法，最后只能无奈地大喊："这不是耍无赖嘛。"当然我也没有刻意为难他多久，毕竟只是玩玩，我们就闹了这么一下，增加不少趣味，前几天压抑的情绪自然就烟消云散了。

（2）合作婚姻

著名心理学家阿德勒在《自卑与超越》中提到，"人生所有的问题，本质上都是合作的问题"。我们常常说爱情靠激情，婚姻则靠合作。

双方都在家的时候，我们完全可以安排一些共同做的事情，比如一起做饭、一起泡茶、一起读书、一起带孩子做游戏等，创造共同的回忆。

同样，在沟通中也是如此。平时在沟通的时候，矛盾的爆发往往源于我们把自己和老公当作对立的两面，所以常常会说："你怎么这样？""我平时是怎么对你的？""你为什么这样做？""你为什么要伤害我？""我看见你就来气！"……

可以用这样的沟通法则来解决这个问题：把"我"和"你"变成"我们"。我们是共同体，是我们共同面对问题和矛盾。这样沟通就变成了："我们这是怎么了？""我们现在的情绪好像不对劲啊？""我们要不要等下再聊这个问题？""我们等下该怎么办呢？"

这样的沟通，无形中就把你的伴侣拉到你的身边，婚姻中的合作自然而然就产生了，你们的关系也会更加亲密。

04

先读懂男人，
才能让他更懂你

老公总说"随便"，如何增强他的参与感

最近有个学员小优问我这样一个问题："自己老公，名义是老公，可准确地说，更像个摆设。如果不是有呼吸在，真不知道用什么证明他的存在！他回到家里就是躺着，能不做的家务绝对不做，能逃避的事情一定逃避，能回避的场合绝不出现。我们两个人在一起，做什么事情他都毫无参与感，一律甩手不管。比如我问他：'春节去哪里玩？'他说：'随便。''晚上吃什么？''都行。''孩子明天家长会你去吧？''不行，我周末要加班。''过年时候我去你家里，要给你爸爸妈妈准备什么

礼物啊？''无所谓。''周末我想带着孩子去科技馆玩，你跟我们一起吗？''你看着安排。'"

可别说，这一类老公在婚姻生活中还真不少见，他们这样的做法也真是很让人头痛。但就像学员小优自己说的，如果因为这点儿小事闹离婚，又真有些说不过去，毕竟也不是什么原则问题，而且人家平时态度还可以，完全不至于离婚。再者，离婚后能不能再找到各方面条件比现在好的人呢？也不确定。所以为这事离婚风险略大，不值得考虑。

可是如果不离婚，吵又吵不起来，闹也闹不了，最绝望的是，连个名正言顺发脾气的理由都没有，也真的是挺让人郁闷的。

要米亚说的话，这种事我们不用生气，不用上火，男人嘛，还是需要引导并且也是完全可以引导的。你想要一个什么样的伴侣，其实都取决于你自己怎么面对和怎么做。

每一段关系其实都是互动出来的。意思就是，你身边的人是什么样子，很大程度上取决于你是什么样的；同时，你是什么样的人，也很大程度上决定了你身边的是什么样的人。

我仔细分析过我经手的案例，发现如果伴侣对于两人之间的事总是一副事不关己高高挂起的样子，那多半跟他们自身有很大关系。

如果说最好的关系是能够实现双方利益最大化的关系，那么结合对方的利益来实现自己利益最大化，便是最好关系的战略升级。

下面，米亚教大家两招，用简单又科学的沟通技巧，帮你搞定你的"无所谓"老公。

（1）交出最终决定权

很多男人在参与事情上的兴趣度低，其实是因为自己没有话语权，怕两人观点有分歧而导致麻烦，甚至发生争吵。所以问题的根源在于，他说的不算，他说了也没人听。想解决问题，就先从根源上打消他的顾虑，试着把决定权给他。比如学员小优，在日常生活中习惯自己拿主意，还不许别人提建议，她老公也习惯了不表达自己的想法，而选择服从就好。所以我建议小优在跟老公的沟通中做了这样的改变："老公，晚上我们是去吃火锅还是去吃日料？""我们这周末是陪孩子去游乐园还是去古北水镇玩一下呀？""我过年给你爸爸妈妈是买保健品呢，还是买衣服好呀？"

这样的二选一，要比你问他一些开放性问题简单明了很多，他做选择更简单，也更容易。

最关键的是，他选择了之后，你要真正做到尊重他的选择。他选了什么就是什么。

这样，当男人真正感受到了自己拥有选择权的时候，他才会有兴趣参与到家庭事务中。

以上事情我们还可以接着这么说："好呀，那就听你的，去吃上次那家火锅。不过好像有点儿远哦，那只能辛苦你开车带我们去咯。""好呀，古北水镇啊，我早就想去呢，你也想去啊，那太好啦，那你顺便上网查一下攻略吧，辛苦老公啦！""好呀，我也觉得买衣服挺好的，那你过来帮我看看这两个款式，你妈妈会喜欢哪个呀？"

通过这样的方式，你又深入了一步，再次加深了老公的参与度。好的关系都需要维护，所有的关系都是在互动中加强的。

（2）利用罗森塔尔效应激励和自我暗示

罗森塔尔效应，俗称"期待者效应"，是一种激励效应和自我暗示。在一般情况下，人不会随便接受别人的驱使，同时，每个人都有自己的一些需求：渴望安全感，渴望权利感，渴望价值感，渴望自我实现，等等。

聪明女人最擅长的，就是把男人的核心需求和自己的需求结合起来，通过暗示去影响对方的行为，让他用你期待的方式来爱你。

拿做饭这个简单的例子来讲：其实很多女人都不喜欢做饭，

一日三餐，又是油又是烟，很麻烦又很辛苦，老公却一点儿不帮着分担，可是真的要老公做饭，又担心他做得不好。

所以问题就来了，他做得不好，这件事是确定的吗？很多事情从不好到好是需要一个过程的。既然你想让老公参与做家务，那么最重要的就是把你的期待讲出来。

比如下一次老公帮忙做饭，哪怕他只是洗了菜，你都可以跟他讲："老公你今天洗菜洗得很干净啊，比之前好很多，我觉得你还是很会做家务的，明天你来炒菜吧，我想尝尝呢。"

如果第二天老公真的炒了菜，就算不太好吃，你也要给他一个积极的期待，指出他的进步是什么，比如说："老公你今天炒的菜很清淡，我正好今天不舒服，不想吃太油腻的。"还可以当着家人或者朋友的面，夸夸自己的老公，比如说："你别看我家老公平时不怎么爱做家务，但是他做饭真的很不错，很好吃的。等有机会你们来我家玩，尝尝他的手艺。"

这样不断强化你的期待，让老公也觉得他是符合你期待中的标准的，他才会愿意更多地参与到家务中。

男人的参与感都是需要培养的，好男人是夸出来的。要想让老公参与其中，这是一个过程，我们要在这个过程中慢慢积累期待。千万不要因为焦虑而很急迫地去催促和逼迫，这样只会事倍功半。

"三感沟通法"，让沟通不再有误会

很多男人在聊天的时候都喜欢直来直去，常常聊着聊着就把天聊死了，他们还没察觉到出了什么问题。

毫不夸张地说，在话题终结的问题上，直男们没有最快最强，只有更快更强。

别人不用说，我就说说自家老公吧。当我问他"你看我是不是胖了"时，他总是诚恳地回答："是，你躺在床上看书的时候就像个肉虫。"说完就飘然离去，留我一个人有气无处发。这时我的内心独白只能是："那么……怎样？我还要感谢你忍了一天才告诉我吗?!"每一次遇到问题，我压抑着怒火说："我没事，我没生气。"他就会很开心地说："那太好了，我去看电影了哦！爱你！"有这样的直男常伴身边，控制好血压已经耗尽心力，还指望和他有什么愉快的对话吗？

直男在和我们沟通的过程中最大的问题就是太直接，尤其是涉及自己不熟悉的领域，比如女生适合什么色号的口红、穿什么衣服，他们总是可以如实地给出自己诚恳的回答，比如"确实丑"或"很难看"。对此，女生最容易怎么做？就是以暴制暴的语言："你说我丑是吧，你平时自己都不照照镜子吗？你不光自己丑出天际了，你姐、你妈、你爸都丑，你全家都丑，你知道吗！"这样的结局是什么？必定是伤心伤情，两败俱伤啊！

这个时候，我们首先要清楚的是，两个人在生活中，当然需要真实的反馈，能有一个人毫无保留地把他心里想说的话坦诚相告，这本身就是一件很有价值的事情。

其次，在沟通中，说实话是一回事，不假思索地任凭带有情绪的话脱口而出是另一回事。有的话能说，有的话不能说，这并不是双重标准。因此，你要忍住你第一时间想说出口的话，先思量一下，自己脱口而出这句话会不会对其他人造成伤害。

当然，在亲密关系中，男人和女人的需求是不同的。女人在感情中寻求更多的是归属感，男人在感情中寻求的是舒适感。可是如果两个人在说话的时候，你连实话都不让他说，长此以往，谈什么舒适感呢？那对他而言就真的是很累的关系了，这样的关系中无论是你还是他，多少都会不自在。

好了，道理讲通了，心理建设也都做好了，难道就任由直男这样放飞自我，随意说我丑说我胖吗？毕竟听到那些话，我心里真的很不舒服！

除了摆正心态对待直男那语不惊人死不休的说话方式之外，还有什么具体的做法，能让我们愉快地和直男聊天呢？

想要解决问题，首先得了解问题。米亚先给大家普及一个知识点：直男思维是怎么运转的？其实男人的思维方式特别简单，就是简单的一条直线：遇到问题—解决问题—全剧终。

而且在解决问题的时候，直男从来不代入多余的情感，比如女朋友和他生气的原因可能有成千上万种，但他始终不知道女朋友生气背后的情绪是什么。他会猜测，难道是因为节日我没有准备礼物？那我就赶快去买个礼物，可她为什么还是生气？

可是女性思维呢？在问题面前，比起解决问题，女性更需要的，永远是先平复情绪。

因此，我们在和直男沟通的时候，要多帮他转换思维。

第一，直接告诉他你要的是什么。

比如："今天是圣诞节，你没有给我准备礼物，我想要的礼物是 ×× 牌子 ×× 型号的手链，而不是一个奇怪的会说话的驴玩偶或者是半夜会打鸣的水晶台灯。"

直截了当地告诉男人你生气的原因，以及需要他做的弥补动作，不但能让他更好地执行，也能减少你们之间因为沟通不当而产生的矛盾。

第二，是我做了多年情感咨询总结出来的，能帮助你火力全开的"三感沟通法"。

"三感"，就是"感性沟通""感情沟通""感觉沟通"。

（1）感性沟通

感性沟通区别于理性沟通，面对直男老公为你精心准备的大道理套餐和他无懈可击的逻辑，最有力的反击是什么？当然是带着委屈地问他："你不爱我了吗？""你为什么凶我啊？""干吗对我说话这么大声啊？"

作为女生，我们以柔克刚的感性沟通才是击败理性的唯一解药。

（2）感情沟通

感情沟通，是你选择表达你对他的感情。

比如，有些男人习惯了遇到问题选择沉默，独自消化。但他自以为有担当的表现，可能会让女人产生"他是不是不信任我？""他为什么晾着我，不跟我说话？"等胡思乱想。

这时候你要做的不是大呼小叫，逼迫他说出心里话，而是正确表达自己的感情，对他说："看到你这么不开心，我很着急，平时都是你为我消除烦恼，现在你遇到烦心事了，我也想为你分担，和我说说好不好？"

还有，正所谓关心则乱，钢铁直男在表达关心的时候常常用错方式。就拿能治百病的"多喝热水"来说，是不是就已经惹怒你无数次了？如果你因此觉得老公对你的关心很敷衍、很不到位，然后大发雷霆，显然就做错了。这种做法不但改变不了他不会说话的特性，甚至会让他永远也学不会正确的关心方式。

所以这个时候你可以说："人家都生病了，你让我多喝热水有什么用？不过看到你这么担心我，我本来想生你的气也气不起来了！但是如果你能帮我削个梨子，再喂我吃下去，我肯定会很快好起来的。"

（3）感觉沟通

感觉沟通就是把你此时此刻的感觉讲出来。如果可以，更好的方式是代入一些美好回忆的情景。比如："每一次我们俩吵架，我都会感觉很难过，想起来昨天我们还很开心地一起做饭，心里很不是滋味，真希望可以回到我们一起说说笑笑的时候。"

听到这番话，恐怕再直来直去的男人也心软了、心化了，只想抱着你，和你说说贴心的情话了。

以上，用关系和情感层面上的联结去代替内容层面的沟通，直接说出你的感受、感情和感觉，才是良性沟通的妙招哦。

做到这两点，老公对你有求必应

不少女人都很羡慕"别人家的老公"。比如，人家老公怎么对自己老婆那么好？又体贴又温柔，还知道照顾女人的情绪和感受，哪怕路过水果店，都记得给自己老婆挑点儿好吃的水果带回去。更有甚者，在外面整天不苟言笑，可一回到家里对老婆说话连大声一点儿都不敢，这到底是怎么回事呢？

　　我刚说的这个"别人家老公"的这些事正是我的老公所做的，我和大家讲这些也不是炫耀，只是想告诉大家，其实听话的男人不是天生的，而是女人"养成"的。但是，大部分女人只会用养孩子的方法对男人耳提面命："你赶快去把碗刷了。""你看不到我这么累，你帮帮我怎么了！""你整天就知道玩，家里乱成什么样了你看不见吗？"这种"命令式要求"非但不会让男人听话，还会让他产生逆反心理，完全不想听你说话。

　　其实，需求不同的时候，提要求的方式也应该是不同的。这里米亚就教大家几招，让大家学会怎么样和男人更和谐地沟通，让他愿意听你的。

（1）明确你的需求和底线

　　你想要老公听你的话，就要和他讲清楚你的要求以及你为什么要这样要求他，如果你的要求合情合理，他自然会做出让步。

　　举个我自己的例子，我特别不喜欢我老公和我大声说话，哪怕不是凶我而是大声喊我，我也会不开心。按理说这有点儿矫情了，我也知道这样的要求也许有些过分，但爱我的男人总归会试图理解我的。你也不必太过担心自己的要求是不是过分，至少可以尝试着和他说说看。

　　我们刚在一起的时候，有一次他因为工作的事很急躁，很大声地和我讲话，我半天没回应，而是呆愣在原地，含着泪和他说："你知道吗？我小时候我爸爸妈妈经常在半夜吵架，他俩都会特别大声地喊叫，我经常被惊醒，吓醒之后也不敢出去看，只能自己默默在墙边坐一晚上，既被吓得睡不着，又担心爸爸妈妈还会吵架。我对这个经历的印象太深刻了，所以我真的特别不喜欢别人大声和我讲话。你刚才大声喊我的时候，我特别难受。"

我说完这些，我老公一脸愧疚地抱着我，从那以后他再也没有大声和我讲话。

当然，我和他解释的事情都是事实，也确实是我非常在意的一个点。我们学沟通技巧，可不是随意提要求，一定是针对你认为重要的事情，去坦诚地沟通，才会有效果。

（2）给他演示

我老公是一个很理性的人，而我则偏感性，所以我常常会提出很多要求，比如每天上班之前我们都要抱一下，说一句"我爱你"。

尴尬的是，自从我提出这个要求，他没有一次主动来抱我，或者主动跟我说"我爱你"，全部都是我主动！是的，全部！但同时我看到的是，每一次我抱了他，看着他的眼睛跟他说"我爱你"，他会更用力地回抱我一下，然后亲我的额头说"我也爱你"。

你看，你想让对方为你做什么，可以不用提要求，而是主动做给他看，用行动唤起他的回应。

如果你想让他夸你漂亮，那你可以先说："老公今天好帅好有魅力。"

如果你想让他说爱你，你可以先说爱他。

如果你想让他认错，你可以先说自己做得不好的地方。

看，就这么简单。

如何向老公表达"我想要"且要得到

前几天我被朋友安利了一档真人秀节目，叫《幸福实验室》。节目内容就是让现实中的夫妻和情侣去参与一些经典权威的心理学实验，以便深度观察在亲密关系中那些最赤裸、最现实的问题。节目里共有三对夫妻和一对恋爱 5 年的情侣，他们各有各的亲密关系问题。

比如有的总是不断地去测试对方是否还爱自己；有的因为工作太忙，一天和对方说不上几句话；有的则是相互之间常常爆发争吵，很多次吵得都想直接分手；等等。

这些问题，在很多人的亲密关系中都会一次或多次地出现，非常有代表性。其中，那对恋爱 5 年的情侣给我留下了很深的印象。这里，我就以他们为例，讲一下如何在亲密关系中正确地表达你的需求。

这对情侣中的女生，经常会怀疑男生到底爱不爱自己。所以在他们玩箱庭游戏时，女生也总是想方设法去考验男生有没有时刻把她放在第一位，即便这个男生已经做到了，但是女生依然不相信，还要反问男生："你真的是因为觉得我重要才把我放在中间位置的吗？"

总之，她内心无论如何都不相信男友是爱她的，这种表现让在场的每个人都深感绝望。参加节目的一名心理咨询师注意到，其实她不仅喜欢考验男友，还经常不主动表达自己的需求，认为男友应该知道她在想什么，然后满足她。

"自己不会表达需求，却要别人心领神会"，成了他们之间爱情消失的根源之一。在录制结束后的跟踪报道中，两人到最后还是分手了。

这个问题在亲密关系里太常见了。尤其是不少女性，希望把对方变成自己的"理想对象"，认为对方就应该自发自愿地满足自己的所有需求，这样才能确认自己是被爱的。

很多女性在生活中都会无意识地埋怨对方："我觉得你一点儿都不关心我""我希望你能对我好一点儿""我觉得你根本不爱我"，等等。其实，这样说非但不能让对方更爱你，反而有可能让对方离你的期待越来越远。

第一，这样表达需求的方式是一种负面表达。

这样的表达会让对方感觉到委屈和困惑。当你这样抱怨的时候，对方心里难免会出现一个声音：难道我还不够关心你吗？我为你做了那么多，你为什么还觉得我对你不好？我难道不是已经做到我能想到的一切了吗？

第二，对方并不知道你所谓需要的"关心""爱我"和"对我好"是一种怎么样的表达形式。

"我希望你对我好一点儿""我希望你能够理解我""我希望你爱我"这类表达方式都太过笼统，对方无法清晰地知道他究竟应该怎样做。每个人表达爱的方式都不一样，有的人喜欢为对方做一些事情，有的人喜欢说动听的话，有的人喜欢给爱的人提供物质保障……因此，在你没有清晰表达你所期望的爱的方式时，对方很可能用他自己习惯的方式向你表达了爱意，却无法被你感知；也可能根本不知如何做才是爱你的表现。而这两种情况都会打击他的示爱积极性。

正确表达需求的方式就是：正面表达 + 具体描述。

（1）正面表达

其实人不是怕付出，而是怕付出没有被看见。所以你想要对方乐意为你付出，前提是你看得到他的付出，并且懂得对他的付出表达感激。比如，你在表达具体需要之前，先对他说："谢谢你爱我，我们在一起这么久的时间，即便我那么任性，你都一直在包容我、迁就我，坚持对我付出你的爱，这些我都看得见，所以我想谢谢你。"

就像节目里那个女生，她就完全可以这样表达："亲爱的，你能在游戏里把我放到最重要的位置，我真的很开心，也很感动。可能是之前我从未被任何人当作最重要的人，所以我还会有点儿难以置信，但是我觉得因为有你，我愿意尝试去相信。"

（2）具体描述

为什么具体描述很重要？因为男人脑袋中想的是什么，你真的无法预料。我老公曾经执意要送给我一个巨大的大猪蹄子造型的抱枕。他挑过的礼物还有一个雕刻着一条龙的茶杯、一双有"踩屎感"的拖鞋、一条野兽爪子造型的裤子。每次看到这样的礼物，我都惊讶得下巴要掉了。所以具体描述很重要，你喜欢什么样的礼物；你希望他用什么样的语气和你说话，是温柔的还是霸道的；当你生气的时候你希望听到他说的是"宝贝我爱你"，而不是和你争对错……这些都要具体地告诉他。

有了正面积极的话语作鼓励，有了具体要求的指导，相信你的老公一定会满足你的期待。

做好这两点，让你和老公的亲密度有增无减

在脱口秀圈子里，曾经有一对很知名的明星夫妻——思文和程璐，两个人原本恩爱，还一直在脱口秀里拿自己的夫妻关系开玩笑、讲段子，后来却离婚了。对此，程璐解释说，自己在这段婚姻中对思文关心太少，自己会给所有人讲段子，却忽略了身边最重要的人，结果让本来亲密的关系慢慢疏远了。

正如思文曾经在节目中说过的一个经典段子："你把老公当哥们儿，再也不用担心，时间长了之后，两个人还会分房睡。特别尴尬对不对？直接把双人床卖了，直接换成上下铺，他就是睡在你上铺的兄弟。"

在当时，大家都觉得：哎哟，这种婚姻好酷！

可大家不知道的是，现实生活中，这种秉持着"有事商讨大计，无事各自美丽"的理念过日子的夫妻，最后往往会渐行渐远。为什么呢？

因为婚姻本质上是借由亲密关系发展出来的合作关系。所以，在婚姻中如果真的做到"相敬如宾"，那么这段婚姻已经失去了意义。

可是在这个人人都在呐喊独立和自由的时代，亲密的尺度又该如何把握？或者说是否分床睡就注定了婚姻的悲剧

呢？要我说，当然没有那么绝对。这里有两个在沟通上的小思路，在保证自由空间的前提下，让你和伴侣之间的亲密度有增无减。

（1）战友般的支持

我最近在看《奇葩说》，里面有个让我印象深刻的片段。傅首尔讲自己因为参加比赛感觉压力太大，要崩溃了。于是，她给老公老刘发信息说："老刘怎么办，我坚持不住了。"

她说如果是其他人，她得到的回复一定是："加油！我相信你！你一定可以的！"可是老刘并没有这么说。老刘说："那就放弃呗，没有什么大不了的。"

就这样一句简简单单的"放弃"，是坚强如傅妈一样的女人都需要的支持。即便傅首尔在外面像一个战士一样雷厉风行，但是她需要的无非也只是一个坚定的守候：没关系，做不好是可以放弃的，你是有退路的。

这种战友般的支持，就像罗曼•罗兰说过的那句名言："如果还有一双眼睛与我一同哭泣，那么生活就值得我为之受苦。"站在心理学的角度上，我们每个人终其一生，都在渴望被看见，在婚姻里更是如此。很多男人在说到自己的妻子的时候，永远表示最感激的事情往往都是，在自己的低谷期，妻子的无条件支持和不离不弃的陪伴。

可以被自己的伴侣看见、倾听、理解、支持，就是婚姻中最大的浪漫。

（2）放弃改造对方

很多人在婚姻中大量的苦恼源于：他怎么就不能为了我改变呢？我不让他喝酒是为了他好呀，怎样才能让他戒酒呢？他是爸爸，难道就不该多陪陪孩子吗，怎样才能让他自愿多陪孩子呢？他作为丈夫，就应该关心我、照顾我、每天及时和我汇报，我只不过让他每天给我打一个电话，为什么就这么难，怎样才能让他自动关心我呢？

每当遇到这样的问题，我都会这样说一句：亲爱的，我们的问题不是如何改变他，是要先想想自己为什么非要去改变他。

要知道，但凡我们有想要改变对方的想法，这些想法无疑会通过各种不良的沟通方式表达出来，比如指责抱怨、威胁控制、惩罚制度等。好巧，这些偏偏都是破坏亲密关系的利刃。

那么正确的方式是什么呢？——表达需要！

就像是刚才问的问题一样，我们为什么非要让他主动汇报，每天一个电话呢？原因是我们需要对方的陪伴，需要安全感。那么我们完全可以这样和对方表达："亲爱的，我倒不是非要你给我打电话，我知道这样会让你的压力很大。可是你知道我一直是一个没什么安全感的人，平时我俩各自上班，相互之间一整天都没有消息，有时候你加班还回来得很晚，我可能自己都不知道为什么就胡思乱想了起来。要是你能多陪陪我，我觉得我肯定不会没事总是和你因为这个吵架了。再说，我俩每次吵架都太累啦，总是因为这一件事吵，也没啥新意呀。老公，你说对吗？"

把我们的两个需求点表达出来，要陪伴，要安全感，这可比改造对方简单多了，不是吗？

怎么把话说到点子上

幸福的家庭都是相似的，不幸的家庭各有各的不幸。既然是这样，幸福的家庭一定会有一个模板。这个模板是相通的，我们又该如何去学习和复制呢？米亚在这里跟大家聊聊怎么经营爱情才能拥有幸福。

关于经营爱情，如果简单粗暴地分解，米亚觉得其实关注两个问题就够了：一个是学会如何付出爱，一个是学会如何接受爱。

这里米亚重点讲讲怎么付出爱，怎么说话可以说到他的心坎上，让你的爱一分不少地送到他心里。

我有一个特别可爱的学员，她给我发过很多自己和男朋友的聊天记录，放眼望去，通篇都是"我爱你""我想你""么么哒""我离不开你"，爱心玫瑰满天飞。我知道很多人都会想说，这个女生应该喜欢她男朋友喜欢得不行吧，当这个女生的男朋友也一定幸福得不行吧。

可是深入了解后，我发现这个学员并不是真的那么爱他的男朋友。为什么这么说呢？因为她全部的沟通、她发给男朋友的玫瑰和爱心，其实都是为了满足自己的心理需求。看似是付出，其实是在变相索取对方对她的爱。而对方呢，只是一个为满足她心理需求而存在的工具人。

换位思考一下，整天接收到爱意轰炸信息的人，短时间内可能会激动不已，时间长了呢？他真的会舒服吗？会开心吗？不会感觉到负担，产生厌倦吗？

所以我首先让这个学员调整了自己的心态。她很聪明，很快就意识到自己的问题在哪儿了，于是我建议她把沟通的方式换成："你这么晚还在加班，要不要我给你送点儿你爱吃的小蛋糕呀？辛苦啦，爱你哦！""今天看了一部电影，男主角超帅的，不过呢没有你帅，所以看完电影之后感觉更想你啦！""我猜……你早上是不是又没有吃饭呀？你呀就是不会照顾自己，总是让我担心你……"

自从换了这种对话方式，我的学员终于学会怎么付出自己的爱，也让她的男朋友发自内心地说出了那句她期待已久的"我爱你"。

除了这种索取型的付出，还有一种叫"你妈妈让你穿秋裤型"的付出。这种"秋裤型"付出看似比索取型付出更高尚，因为这是不计回报的爱、忘乎所以的爱，但这实际上是最盲目的爱。

打个比方，有的全职太太最爱对老公说的话就是："我这么辛苦还不是为了你。""我不工作是为了操持这个家，还不是为了让你生活得舒适。"此外，还有人总爱这样说："我不吃饭我减肥，还不是为了让你不嫌弃。""我转发的每一条锦鲤可都是在为你祈福啊！你感动没有？""我辛辛苦苦做了那么久的饭，你说不吃就不吃？那好，我倒了，以后我再也不做饭了！"

这种类型的付出，都建立在女人的自以为是之上，这样的女人总觉得自己的付出都是为了对方好。

这样的付出，可怕不？如果你是这样的人，你就会像一个控制欲十足的妈妈，逼得另一半恨不得分分钟就逃之夭夭！

真正的付出要满足对方的需求，要用心体察对方需要的是什么。

我有一个朋友，可谓人见人爱、花见花开。我开始接触他的时候并没有觉得他说话有什么特别之处。有一次他向我提了一个问题，问题的答案不简单，一两句话说不清楚。而当时我手头正在忙另一件事，于是我说："好的，你可以稍微等一下吗？我一会儿回复你。"他马上回复我："没关系的，米亚老师，我问的问题你不方便也可以不回答。我的这个问题如果让你觉得麻烦了、不开心了，或者不舒服了，你就不要回复。"我顿时就感觉很暖心。虽然我并没有觉得他的问题麻烦，但是被关注的感受是非常棒的。

当所有人都关心他飞得高不高的时候，他更需要的往往是有一个人关心他飞得累不累。当所有人关注了他的闪耀、光芒和成就的时候，你完全可以关注他的脆弱、辛苦和努力。这样，你就更容易走近他，你的付出就更容易打动他的心。

情感修复篇

05

可以吵架，
但不可以让吵架伤感情

两个步骤，让你和老公越吵架越亲密

在米亚看来，其实不是婚姻像玻璃杯一样脆弱，往往是我们不懂如何经营婚姻，才使得婚姻不堪一击。

就拿吵架这件事来说，谁能做到一直心如止水、永不争吵呢？又有哪对夫妻没有吵过架、相亲相爱一辈子的？现实生活中的一地鸡毛是我们每个家庭都必经的修行。

其实吵架不可怕，夫妻吵架也很常见。可怕的是，每次吵完架后我们满脑袋想到的只是：哎呀！我刚才怎么又没发挥好！不行，这个架我吵亏了，我下次该如何更稳准狠地怼回去呢？我该怎么提升对对方的伤害值呢？要是能将对方一击致命、气到半天缓不过来就更好了!

类似的想法,其实归根到底都可以叫作:对抗情绪。

要知道,其实你们再怎么吵,吵架这件事并不会对感情本身造成致命的伤害。婚姻的本质是合作,夫妻双方一直带着对抗情绪去面对彼此,才是婚姻出现裂痕的根本原因。

其实在亲密关系里,如果可以正确应对矛盾,不仅不会影响感情,反而可以让关系变得更加紧密。这里米亚就讲一下什么是吵架的正确姿势。只需要两个步骤,就可以让你们之间的感情越吵越热乎,把关系越吵越近。

第一步:设置一个情绪暂停按钮。

伴侣吵架之所以会伤害到彼此的感情,往往不是因为事情本身,而是因为彼此在争论对错的时候牵连出来的负面情绪。

理智的情况下,我们都知道:对错不重要,架吵赢了,爱人没了,这是冲动的惩罚。但是等事情发生时,情绪一上了头,你就不再是你了。什么难听说什么,什么痛快说什么,巴不得一句话噎死他才好,最终就都变成一句类似的话:"离就离,谁怕谁!谁不离谁就是什么什么!民政局门口见!"

要知道,问题出在此时此刻的你被愤怒情绪控制了。

所以摆脱情绪的控制,让事态不会恶化下去的办法就是:提前设置好一个愤怒情绪暂停的按钮。

心理学上有解释说,我们所有的愤怒情绪都源于内心的恐惧。我们在吵架时候的恐惧又往往源于内心深处害怕自己是不被爱的。

所以，这个按钮可以提示自己，也可以提示对方：虽然我们现在在吵架，但是我是爱你的。

我们可以提前和对方商定，情绪暂停按钮就是一些直接表达爱的语言，像是："我爱你。""你还爱我不？""好啦，虽然你有时候真的挺讨厌的，但我爱你呀。""我现在想要一个抱抱。"或者是一些能够引发出爱的感受的、有着特定回忆的事件，比如："喂，你还记得我们第一次见面时候的事情吗？""你想想，你上次半夜开车掉沟里是谁去救你的？""昨天是谁说我是全世界最好看的人的？"

用这些简单又有爱的小按钮不仅可以消除你们的愤怒情绪，还会唤起你们相爱的回忆。

第二步：区分爱与控制，学会好好爱。

很多人都区分不出爱是什么、控制是什么，无形中会把控制当作爱。其实很多关系最遗憾的地方也在于此，不是不够爱，而是不会爱。

控制与爱的划分标准很简单：控制是我只想用我喜欢的方式去爱你，真正的爱则是我想用你喜欢的方式去爱你。

我的学员小方，她每次和老公吵架都是因为老公喜欢打游戏，不喜欢做家务。虽然之前老公喜欢带孩子，但小方觉得老公带孩子的方式简直太不科学了，总会为了这件事吵个天翻地覆，后来老公索性直接放弃了，孩子也不带了，专心打游戏。

小方看到这种场景简直崩溃了，决心离婚后又拿不定主意，于是找到我。小方给我细数了她老公的"罪孽"，这里随便列几件：

"我让他把洗衣机的衣服晾上，我连着说了 5 次'马上去'，他才慢悠悠地起身去晾！

"他自己洗衣服的时候更绝，竟然把袜子和内裤一起洗！

"他下班除了打游戏，什么也不做，什么也做不好。好，你不做，去运动一下可以吧？也不去！

"老师，你也别说我管得多，其实我不反对他打游戏，但是我不是担心他颈椎不好吗，他再这么玩下去身体就废了！我能不气吗？我能不和他吵吗？"

很显然，在小方的控诉中，每句话都有一个明确的指向性：他应该听我的话！

事实是，当我们抱着这样的预期和对方沟通的时候，对方能够感受的到只有压力。

所以，我问小方："你觉得在老公的想法中，他会认为什么样子的选择是更好的？"

小方说："那肯定是自由懒散喽。"

我说："你如果不想再争吵了，先试着随着他的节奏说说看？比如说：'你待会儿晾衣服也没关系，不要忘记就好。''其实你今天没事做，玩玩游戏也没啥。''你带孩子玩，孩子确实挺开心，注意安全就好。'"

小方在渐渐习惯用这样的方式和老公沟通后，两个人的关系发生了神奇的逆转，老公开始尊重小方的感受，还主动提出小方很辛苦，要带小方去旅游。

这就是尊重的力量，当我们尊重了对方，用爱的方式而不是控制的方式和对方沟通时，对方也会尊重我们，那么很多矛盾就会自然而然地消失！

不能只发泄自己的情绪，还要看到老公的情绪

米亚给大家提过，我们跟老公吵架的时候，如何运用非暴力沟通的方式去化解矛盾。我的学员也跟我反馈，这的确是科学的方法，但是有时候情绪上来，难免表现慌乱，甚至口不择言，以至于把学到的方法都忘了。

我有个学员，因为老公太抠门，和老公争吵了起来，在陈述事实这个步骤，又不自觉地带入了情绪，说："你就是抠门到家了，你爸你妈都是这样，你们全家都是抠门精。"

她老公一听非常生气，就说："你好好说话，咱俩吵架，你扯我爸妈干什么？"

学员这时候想起来，我一再跟她强调的，只是陈述还原事实就好，于是她灵机一动，说："噢，你不是总说我什么事都不想着你爸妈吗？我这次不是想到了么。"好在她有了觉察，也意识到自己被情绪带着走了，赶快把提到父母这件事巧妙地转移了。

这种被情绪控制的情况在吵架中很常见。米亚就再带大家还原一下，当男女之间发生冲突的时候，男人跟女人的脑袋里想的都是什么，以及我们该如何正确地吵架。

很多学员都问过我这样一个问题：男人在吵架后为什么不说话？其实有可能是他为了避免继续刚才的话题而引发新的争吵，想开启新话题，但你对新的话题根本不做回应，于是他只好放弃了沟通；也有可能是他选择等你自己消气，因为他知道自己哄你哄不好，还会被你批斗，不如等你消气。

男人的沉默是给自己浇凉水，让自己冷静下来。可女人不一样，女人沉默的背后是一座火山！男人的情绪往往消失得很快，而女人的情绪持续时间长，所以常常当女人还沉浸在愤怒中难以自拔的时候，男人已经在呼呼大睡了。

在这个时候，你该去掀他被子，给他泼一盆洗脚水让他清醒清醒吗？千万不要！

因为他睡着了，不代表他不爱你，只是他没办法做到跟你时时刻刻情绪同步，哪怕这个时候你什么都不说，也好过于去质问他是不是不爱你了、是不是不在乎你了。这样的问题没有任何意义，只会火上浇油。发生冲突的时候，女人们往往力图把自己的感受传达给男人，比如，你以前不是这样对我的，你怎么总是这样让我难过，你是不是喜欢别人了……然而，问题在于很多人从来都分不清楚什么是感受、什么是评判，所以感受在表达过程中往往被演绎成了评判，让对方感受到被指责。这也是为什么有些男人无法理解女人的感受。男人不是没有感受，他们只是需要女人理性地告诉他们，事实应该是怎么样的，或者如何做才可以更好地处理这个问题。

女人更在乎感受，因此更容易纠缠对错。而多数男人并不愿意表达自己的感受，即使他们的感受也糟糕至极，他们的表达仍然是："那这件事你看这样解决行吗？"或者是："噢，那你说该怎么办？""行，我下次注意。"态度再好点儿的："我错了我错了，你别生气了。"

有没有发现问题出在哪里？双方的情绪都没有被对方看到。那么，怎样才能真正看到对方的情绪呢？

这就需要共情，感受对方的感受，换位思考。当然，这并不需要你做到跟对方时时刻刻情绪同步，他难过你更难过，他一伤心你先泪流满面，他说郁闷你就撞墙。换位思考的精髓在于，你能理解他此刻的感受，然后准确地表达出来就可以了。

比如你可以这样说："老公，你看今天你加班到十点半才忙完，你不说你累，但我知道你肯定很累，可巧我今天在公司遇到一点儿事特别不开心，所以我特别想让你陪我说话。我想那个时候你肯定是累了，想歇一会儿，所以才没回复我。我现在才想到这一点。"

或者你可以说："你弟弟要买房子，作为哥哥，你肯定也想帮些忙。因为我是独生女，所以我可能当时没有办法立刻感受到你的心情。我那天就说一分钱也不给，你听我这么说肯定也很郁闷，是不是？"

这就是在矛盾发生的时候，如何用共情的方式去处理彼此的情绪。

如果你经常使用这个方式，那么对方一定会受到感染，也会用这样的方式跟你沟通。如果他没有，别急，你也可以教会他最简单的方式，告诉他："下次我生气的时候，你看到了，你可以说一句：'你是不是生气了？生气伤身体呀。'"

男人也需要教，你不教，他不知道你需要什么，你要告诉他该如何做。更重要的是，当他真的照你说的做的时候，你要鼓励他。

比如下次他说"媳妇你是不是生气了？生气了气坏身体咋办"，你不能再一句话不说，或者又开始吵架："气坏了身体那是我的事！"在吵架的时候，切记一点，如果对方给你台阶下，适当时候你就要下来，否则一直在房顶上生闷气，对方也会不知所措，最后收不了场就得不偿失了。

你要看到的是，这个男人在为你们的关系努力，那么你也要学会处理好情绪，再去沟通事情。

很多女人喜欢纠缠"男人做某事是不是自愿的"，好像只有主动自愿才是爱，如果是自己要求的就不是爱。其实，男人只要愿意按照你要求的说和做，就说明他在意你和他的关系，在意你的需要。

当彼此的情绪都被看到，双方不再剑拔弩张，这时候你可以再提出一些小要求让他满足你，比如，"我刚才真是被你气死啦，你赶快给我揉揉腿"，或者"刚才我的胃受了气，气不顺，需要喝杯热茶"。提一个小要求，让他满足你一下，他在执行你的这些任务的时候，潜意识里已经向你低头啦。这里说的小要求一定是你老公容易做到也愿意去做的，而不是说，"我刚才生气了，你去给我买个爱马仕限量版"，或者说，"我现在就要吃到刚从树上摘下来的荔枝，否则就不原谅你"，这就是作的范畴了。

情感战争是最大的感情内耗，谁都不愿意这样的事发生，一旦发生了，谁也不希望持续。毕竟，情绪劳动比脑力、体力劳动更费心劳神。也许，从你的主动中，对方也会慢慢感受到"原来快速结束争吵，可以带来这么多好处，比冷战一天舒服多了"，要让他觉得"哄你"比"和你吵架"容易多了，这个关系才会进入良性循环。

做好这四步，让老公不再沉默

无论在恋爱中还是婚姻中，几乎所有女人都最怕碰到一种人：冷暴力男。

冷暴力的表现形式有很多，比如爱理不理、敷衍、沉默、冷战、掉脸子、态度冷淡、不回复消息、不回应、不说话等。就比如当你想要和他尝试进行沟通的时候，他只用一张面无表情的脸沉默应对，无论你怎么想办法要求他开口说说自己的想法，甚至无论你多么生气、愤怒或伤心、无奈，他都不为所动，就是彻头彻尾地沉默。他就像一颗冰冷的石头，而你因为情绪化反而更像一个在无理取闹的、性格暴躁的人。

其实，在任何关系里的男人如果有这一系列表现，真的能够让和他处于同一关系中的女人都抓狂，甚至有种被逼疯的感觉！所以，我们常常看到"冷暴力就是情感第一杀手""冷暴力是最残忍的报复"等说法，都会把冷暴力说得很吓人。但是米亚首先想和大家说的是：并不是所有沉默都是冷暴力。

男人的性格特征决定了很多男人本身就不擅长去沟通和表达自己的感受，反而习惯用消极、不直接的方式来表达自己的抗拒，所以他们容易表现出一种被动型攻击的态度。但他们呈现这种状态的目的不一样，可能有的人沉默是为了伤害和惩罚你；有的人沉默是为了和你分开；有的人沉默是因为自己气得不行，处理不了自己的情绪，所以先强行让自己冷静下来；有的人沉默只是他不知道怎么回复和面对你。针对这些不同的情况，我们需要做出来的对策也完全不同。这里我们主要针对回避型人格的沉默行为，也就是不以伤害我们为目的的冷战做出分析。

在这里，我先给大家讲下学员小采的案例：

小采和男朋友小木交往不久，因为一件小事吵架了，小木说了句"我累了，分手吧"，然后就拉黑了小采。第二天，小木冷静下来，又和小采恢复了联系。从那以后，每一次他们有大的争吵，小木都会选择将小采拉黑、删除，但是几个小时后又加回来。小采非常困惑，难道自己遇上了一个冷暴力男吗？后面到底该怎么办呢？

我建议小采和小木把这件事摊开讲讲，复盘这件事的始末，以及小采自己的感受。小木静静地听了许久才开口说，他一直都是一个不会主动表达自我情感的人，更加不会主动说很甜腻的话，而小采则希望他把所有情感都表达出来，可是他从小就是这样，即便是受到委屈，陷入争吵中时，都会用沉默回应，那是他的自我保护机制。但是他心里其实是非常在乎小采的，只不过他真的不知道该怎么沟通。

其实小木这样的情况很常见，我们之所以会一棒子打死所有喜欢沉默的男人，一半是因为我们并不知道对方心里到底是怎么想的，另一半是因为我们自己也不知道该怎么处理，比如很多学员在面对男人的沉默和冷战时候，会做出错误的回应：

- 以暴制暴，用愤怒来回应，做出摔砸、怒骂等一些激烈情绪的发泄行为。
- 即使你并没有真的做错什么，也要低头认错道歉，以卑微的姿态讨好对方，恳求对方说话。
- 用分手或者离婚作为要挟。

不论对方是否故意做出冷暴力行为，拒绝沟通都是一种不健康的甚至是破坏性的交流方式，被对待的人都会遭受痛苦与伤害。但它也并不是不可改变的行为，我们可以通过以下几步去改善它。

第一步：退后一步，给他一些空间。

在对方已经用沉默回应的时候，如果你再不断地要求他给出反应，一定会起到反作用。后退一步才有可能改变这种陷入僵局的沟通模式。这时候你不妨也找些事情转移一下自己的注意力，不需要一直盯着、守着他回复，因为这只会加重你自己的焦虑情绪和感受。

第二步：永远不要吝啬于向他表达你的爱。

其实回避型恋人不习惯表达情感的主要原因是他内心深处有不安全感，而一个好的另一半能让他感受到自己是被爱的，让他觉得自己值得被爱。

我和小采说了这一点后，她不再像之前那样患得患失，反而经常主动和小木说"我爱你"，不厌其烦地强调自己对他的爱，这些细节的表达渐渐让小木觉得很幸福。到现在，如果两个人有半天没有联系，小木就会主动发消息说"我想你了"，外加一个委屈的表情。

其实回避型恋人大都有一颗玻璃心，表面看起来很骄傲，但是内心很脆弱。他们在遇到善意时觉得自己不够好、不值得，遇到恶意时不会反击而选择自我封闭。如果你老公有这样的情况，你可以选择用无声的拥抱或有意无意地抚摸他的手等简单的肢体语言去加深你们之间的情感联系。

第三步：共同寻求解决方案。

我建议小采要和小木一起去面对这个问题，比如可以告诉他："你的这种沉默让我很难受。如果我难受了、不开心了、难过了，这也不是你希望的吧？"或者："我只是想解决问题，因为你不说话，我就不知道你是怎么想的？你知道的呀，你不说我会乱猜的，我乱猜起来我自己都不知道会发生什么呢。"

最后，你可以提出一些解决方案，比如："下次你不愿意说话的时候，可以给我一个暗号，比如发个小表情给我，或者简简单单回个'嗯'也可以。"或者："下次再遇到我们俩都不开心的时候，我们可以不说话，但是不要超过 6 个小时，好吗？"

你可以提出一些简单且易操作的要求，这样他就不会觉得非常难以操作而拒绝，也会让彼此之间产生更多的联结。

第四步：设定界限。

如果你的老公经常使用冷漠和沉默去处理问题，这无疑会损害你们的婚姻关系。这时候，你不能一味忍让，而要学会坚持自己该坚持的部分，去设定界限。这里指的界限例如哪些行为是你可接受的、哪些行为是你不能接受的，以及你希望如何被对待，等等。

比如你可以说："我是真的不理解你这次为什么这么生气，

不过如果你还是很生气，那这两天我也不和你谈这件事了，你想好了我们再谈，好吗？"或者："我倒是不介意你整晚看电影，但是我明天早上会早起开会，如果你今天还是要一直看电影的话，你晚上就在隔壁房间睡吧。"

表明你的界限，并不是无底线的包容。在婚姻里本就不存在一味地退让或者包容与接纳，你应该选择一种温柔且坚定的方式去表达你对他的爱。

两个人想法不一致时，如何沟通

米亚有一个朋友叫荔枝，是顶级名校毕业的高材生，现在在一家知名律所做律师，她的工作性质非常符合她的个性特征。在生活中，荔枝也是一个很理性的女人，很少受情绪影响。荔枝的老公则恰恰相反，是一个很感性的男人。

两个人在一起，就是被彼此的性格差异吸引的，都觉得对方很有魅力，恰好是自己缺失的另一半，感觉两个人拼在一起，就是一个完美的整体了。

而今，荔枝结婚多年，朋友们都觉得她过得不错，找到了真爱，所以对于荔枝找到我对我说的第一句话，我还是有些诧异的。她说："米亚，我想离婚。"我问她为什么。她说："我俩结婚了多久就吵了多久，思维模式不同，压根儿无法沟通。我现在是真的累了。"然后，她给我讲了最近他们的一次吵架过程，起因就是对孩子的教育观念不同。荔枝的老公总是喜欢给孩子设定奖励机制，也就是说，孩子在学期末考入班级前十名，孩子想要什么爸爸就奖励什么。而荔枝则喜欢用惩罚制度去规范孩子，也就是说，孩子要是不能考入班级前十名，今年就不去迪士尼玩了。

两个人互相看不上彼此教育孩子的方式，正如两个人在生活中也会因为一点儿小事而看不上彼此的处理方式。老公觉得荔枝"冷酷无情"，荔枝则觉得老公"优柔寡断"。所以两人大事吵，小事吵，有事吵，没事也吵。

先不说两个人吵架对感情的伤害，在这样的家庭环境下长大的孩子——荔枝的儿子，从小就胆小怕事、性格孤僻，总是和同学格格不入。

荔枝也因此意识到：自己和老公的问题如果再不解决，只会更加严重，甚至会影响孩子的性格养成。她这次来找我，也是向我寻求最后的帮助，想看看这段婚姻还有没有救。

在这里，就以荔枝为例，给大家讲讲夫妻之间存在矛盾该如何沟通。

（1）放下对抗，不要反击

这也是最重要的一点。就像荔枝和她老公在教育孩子的问题上，其实两个人方案都是错的，一个使用"利诱"，一个使用"威胁"。但是两个人都认为自己是对的，以此恶意攻击对方。这就意味着，在遭遇矛盾的第一时刻，两个人选择的方案是"我的立场 VS 你的立场"，而不是"我们的立场 VS 问题"。

这样，不仅问题不会得到解决，孩子的教育还会被一再耽误，关键是两个人的精力都用在对付对方、证明自己是对的上面，怎么可能让感情变好呢。

如果我们选择放下对抗，把老公看成自己的队友，我们才看得到老公为这件事做出的具体努力。比如荔枝可以先这样和老公沟通："老公，我也看得到你对儿子的事情非常上心，平时都是你陪儿子做作业，你对儿子学习的事情也比我有耐心，还给他制定了这么详细的奖励机制，我觉得没有几个爸爸会比你更用心了。"

不要在第一时间就否定对方，着急找证据证明对方是错的，证明对方的做法是行不通的。放下对抗，是良性沟通发生的前提。

（2）复述情绪，反馈倾听

复述情绪这一步，相当于平时说的"共情"。也就是米亚平时和大家讲的，遇到矛盾时候要"先处理情绪，再处理事情"。

举个例子，比如当对方在说"我现在很恨你"的时候，你可以说"我能感觉到你现在很恨我"。你这样说的作用在于，当你复述一遍对方情绪的时候，等于在认可对方的情绪。情绪这个东西非常神奇，它只有在被看见的时候，才会被处理，然后消散。

荔枝的老公是一个非常感性的男人，他常常感觉荔枝不够理解自己，所以总是主动表达自己的一些情绪，但荔枝经常回复"哦""嗯"，甚至有时候会用嫌弃的语气说："你怎么这么多事儿啊？""你怎么这么优柔寡断……"

其实更简单的处理方式就是复述情绪，比如："我能理解你现在不开心。""我知道你现在有点儿郁闷。""我能感觉到你现在也不想跟我吵架，你也很累。"

简单把对方此刻的情绪、想法复述出来就好了，不去评价对方是对是错，这样就可以让对方瞬间冷静下来。处理好情绪之后，再去处理事情。

（3）表达需求，明确界限

在荔枝和老公沟通的过程中，我建议她除了跟老公表明"我确实关心你的感受，我也确实想解决我们的问题"之外，也要明确界限，比如可以这样说："当气氛变得紧张的时候，当我们开始对彼此大喊大叫的时候，我们是没法好好沟通的，更重要的是，这样会对儿子造成很不好的影响，这种情况是我俩都不愿意看到的。所以老公，你觉得我们怎么做会更好呢？"

其实讲到这里，荔枝和老公才是正式站在同一条战线上去面对问题本身，而不是把彼此当成问题去解决。

两个人共同面对问题，然后一起想办法解决的过程，是两个人真正发生深度联结的过程。在这个过程里，两个人才能激发出感情，彼此鼓励，抚慰对方，一起成长。

沟通环境决定沟通结果

不知道大家有没有发现，我们在日常生活里，经常会碰到这种情况：本来只是发生了一件很小的事情，就因为双方没有良好地沟通，常常会引发巨大的冲突。

比如今天晚上谁做饭谁刷碗、我都感冒了发烧了他也不回来陪我、孩子的作业究竟该怎么辅导、今年去谁家过年等，这些都是引发感情破裂的问题中的高频问题。

其实诸如此类的小事不胜枚举。尤其是在感情生活中更感性的女性，很容易因为一些小事引发情绪问题。时间长了，这些累积的负面情绪就成了伤害我们感情的根本原因。

所以，在这里，米亚和大家深度剖析一下，如何处理这样的情感矛盾，以及如何在对方负面情绪爆发的时候化解问题。

（1）重视沟通环境

何为沟通环境？即你和对方当下沟通的情境是怎么样的，你们两个人之间流动的主要情绪是什么？比如说，当你非常生气的时候，你每说一句话可能都会专挑对方最不乐意听的说，专门攻击对方的软肋，"你这辈子都没出息""你就不像个男人""你就是个彻头彻尾自私自利的人""你配不上我"等，什么难听就说什么，想忍都忍不住。

在这个时候，你们之间的沟通环境差不多就是严寒，至少零下 50 摄氏度。

想想看，当你用这样的方式和对方说话的时候，还指望对方说出什么好听的话来缓解气氛，春风化雨般地化解矛盾吗？即便最理性的人，在面对这样的攻击时，也会觉得你不可理喻，无法交流下去。

相反，我们换个沟通环境，假设你和另一半刚谈恋爱，在你俩甜蜜得不行、你侬我侬的时候，如果他说了句，"你这个傻瓜 / 你这个笨蛋"，或者他做错了什么事，你是不是也不会觉得很生气，感觉完全可以原谅他，甚至可能会觉得他有点儿可爱？之所以会这样，是因为当时你们之间的情绪气场和氛围是非常甜蜜的，你们之间的沟通环境也是最温柔的。

这就是为什么我说沟通环境决定了沟通的局势。你们之间到底能不能有良好的沟通结果，完全取决于能不能营造一个良好的沟通环境。

（2）运用沟通环境

我的一个学员小阳和老公结婚两年多了。小阳是一个比较情绪化的姑娘，她老公则很爱讲大道理。他俩两年多来争吵不断，每次的起因都是小阳的小情绪，而每次的处理方式都是小阳指责抱怨老公不爱自己，要求他改变让步，多为自己付出，非常简单粗暴。不用说，这样的沟通方式的效果只能越来越差，本来很爱小阳的老公也差不多到了忍无可忍的地步，和她开启了几个星期的冷战模式。

要知道，冷战不是个好现象。如果对方愿意和你争吵，那至少你们还有沟通的余地，但是如果他连吵都不吵了，就离绝望不远了。

所以，我建议小阳拿出主动沟通的姿态，先引导老公把负面情绪表达出来。没想到的是，她老公看样子也压抑了很久，这一引导不要紧，他把心里的不满统统扔了出来，说自己做了什么小阳既不认可又不满意，而且自己在不断进步和改变，小阳只是停留在原地不满意和抱怨。话说到最后，他也觉得自己和小阳不是一路人，不太合适，说着说着，就提出想离婚。

看到老公提出离婚，小阳情绪失控，崩溃大哭，说她意识到自己之前的错误了，现在愿意改变，但是不知道该如何和老公沟通。我让小阳先调整一下自己的情绪，等她稳定下来之后，我建议她给老公回了一句话。

这句话一共5个字，她老公看了之后又收回了之前说的话，回复小阳说："哎，那我们再想想办法吧。"

这5个字就是：你还爱我吗？

有的时候，关键时刻的一句话就可以改变关系模式。秘诀也非常简单，就是前面讲的，通过改变沟通环境去改变互动的氛围和两个人的情绪。这种感觉就像是冬天时你从特别冷的室外进入热气腾腾的室内，会感觉自己整个人都温暖了起来。沟通环境和谐起来，两个人的关系自然也会发生好的转变。

跟老公闹矛盾莫慌，三步沟通轻松化解

经营关系的能力，尤其体现在我们和对方发生冲突时。这里

米亚就来讲一讲，如何用三步沟通法轻松化解冲突。

第一步：改变矛盾点，带领对方脱离情境。

举个例子，当你和老公因为中午吃什么闹起了矛盾，你说吃什么随便，他推荐的几家又恰好都是你不爱吃的，于是他不耐烦了，你也觉得他不够爱你、不懂你，两人当街开始互相指责，引得路人纷纷侧目。你心想，"都这样了你还不让着我吗？"他会觉得，"这个女人真是不可理喻，都闹成这样了，还不算完么。"这样下去，不用多说，大战一触即发。

冲突之所以产生，在于你们彼此都在用自己的感受去判断对方，以暴制暴。你先出了一拳，我就要杀你一记回马枪！来啊，互相伤害，谁怕谁啊！关键问题在于，你们不是没有爱对方的心，只是因为互相没有脱离当下情境的能力，所以无法管控情绪，导致矛盾激化。

米亚要提醒的是，你们要明确，此时是你俩 VS 问题，而不是你 VS 他。你们是否能够站在统一战线上去面对问题，是破解这个问题的核心。你们可以做的是，把这个问题点抓出来，点清楚，讲明白。所以，针对前面的案例，你就可以这样说："好啦，不就是为了吃个饭嘛，我们不吵啦，我们就吃距离最近的这家吧。"或者说："哎，你等一下！吵了这么久，我都饿了，我们先吃饭吧，吃饱了有了力气，再接着吵。"这么做就是在同步提醒自己和对方改变吵架的矛盾点，用新的话题转移对方的注意力，让对方脱离当前的情境。

第二步：让自己脱离当前情境。

其实在矛盾最激烈的时候，最聪明的做法就是让对方的拳头打在棉花上，不接他的招。可是很多时候，往往是我们急得抓狂，对方就是不接招。

简单地说，这个模式是你们共同创造出来的。因为有一个人追，才会有一个人逃。

可对于女人来说，冷漠比吵架更恐怖。他越是冷，你越是着急，甚至想要把问题扩大化、严重化，引他爆发。如果你这么做，结果往往适得其反，因为回避问题不解决，是在他的经验范围内最简单的处理方式，你不管不顾地刺激他，会让事态超出他的掌控范围，矛盾激发得太大，反而不好收场了。

所以在这个时候，你应该这样说："好吧，既然你不愿意说话，我也冷静一下，我出门去办点儿事情。"然后立刻让自己离开当下的情境，不要再多做纠缠。

另外，你也不要和他讲你去做什么，只是说你出门办事。等他冷静下来，如果他还在意你的话，他也会担心你，会找你。

第三步：放下对错。

心理学上讲的安全型依恋模式，是指你有能力让你们的关系是稳定的、安全的，让对方觉得你是始终跟他在同一面的，而不是处于他的对立面。

如何做呢？那就是无条件地允许和包容。用简单的一句话说：在爱人面前，对错不重要，对方更重要。当你放下谁对谁错的执念，多大的矛盾似乎都不那么重要了。

那么当问题发生的时候，你可以说："哎呀我知道，这事也不是你的错，不过是你今天状态不好，这都是月亮的错。"或者说："好啦，你还生我的气吗？我没有怪你，我生气可能是因为今天是星期一，谁心情能好啊，我临时还被加了一个大项目，真是郁闷啊！"

这样的表达，不仅能轻易转化危机，还会让对方觉得你很有趣，也很在意他。

把握两要素，让婚姻远离冷战

我的学员小李向我诉说了她的烦恼。

小李跟老公结婚七八年了，恋爱结婚生子，一切都按部就班，激情浪漫什么的早就没有了。用她的话说，自己过的是无欲无求的婚姻生活，不仅没有激情，有时候连吵架都懒得吵。

以前两人吵架生气，骂急了，有时候甚至会摔东西，现在可就清净多了，遇到矛盾都不吵。两人在生活的磨炼下，懂得了节省精力，直接越过对抗阶段，一步进入冷战。万一有事情不得不需要交流，就基本靠翻白眼或者让孩子当传话筒：

"儿子，你去告诉张先生，妈妈今天晚上加班。"

"儿子，你去告诉李女士，爸爸明天出差。"

看上去这也是一种解决问题的方法，殊不知这样做的结果，一是让孩子从小就自动肩负起"矛盾调节员"的责任，对于孩子的性格发展有很大的负面影响；二是让本就冰冷的家庭氛围更加冰冷。

几乎所有婚姻关系的破裂，都不是因为突然发生了一件什么事，而是在每一次遇到矛盾或者问题之后，一方没有接到对方真正想传递的情绪，或者是每一次冷暴力之后双方没有有效的沟通，反而把冷暴力当作矛盾的解决方式，或者是男人不懂主动开口但尽力在向你示好，你却毫无察觉。正是一次又一次失败沟通的叠加，最后压垮了婚姻。

那么你到底该如何驾驭这满地鸡毛的婚姻，打破无法沟通的局面呢？

（1）先放下控制对方的沟通方式

很多的矛盾发生点都是我们想让对方按照自己的想法去做

事，所以，我们常常会跟对方说的话就是："你应该……""你不应该……""你怎么就不能像……一样？""你为什么不听我的？""你这个人就是这样的，你永远不会变的！"

其实很多时候，我们脱口而出的话直接定义和评价了对方，但是我们自己对此毫无察觉。而这些话语其实都蕴含着一个相同的意思：你应该按照我期待的样子存在！

可是恰恰在亲密关系中，我们首先要学会的就是：接纳对方。也就是说，允许对方以他自己独特的样子存在，允许他有不同的想法，允许他有自己的快乐和兴趣。只有尊重彼此之间的差异，承认对方是独立于我们的，我们才会自觉放下对对方的过多要求，不会说出那些企图控制对方的话。

我的学员小李在深刻理解接纳对方之后，在再次遇到问题的时候，不再只从自己的角度出发，老公感受到了被接纳，也慢慢开始愿意和小李说话了。

（2）发自内心地关注对方

在亲密关系中，不管对方多爱你，你的内心有多安全，你都不能完全不考虑对方的感受。要学会常常停下来看看身边的人，想一想他想要的是什么。

大多数人离婚的爆发点也往往产生于此。每个人都会更关注自己的委屈和不开心，而全然顾及不到对方的感受。对方是怎么想的、对方是怎么做的、对方想要什么，这些往往会被忽略。

一次有效、成熟的沟通，需要涉及三点，想想对方：他想要什么？他在想什么？他需要我怎么做？

举个例子，你可以说："老公，我最近因为工作上赶项目，心情好焦虑，这段时间都没有顾及你，也不知道你最近心情怎么样啊？工作忙不忙？你需要我帮你做什么吗？"

06

爱自己，
才会被人爱

不做婚姻里的讨好者

　　我的学员小圆是一名内科医生，28 岁的时候经朋友介绍认识了现在的老公，他是政府部门职员，平时对待工作和生活都很认真，人也总是一副严肃的样子。

　　小圆跟我说，她在跟老公谈恋爱的时候，就有一种感觉：无论自己做什么老公都不会开心。可她总是不自觉地想为老公做很多事情，想要去付出，换取老公的疼爱和珍惜。她的闺密好像什么都不用做，老公却对她很好，再看看她自己，结婚之后为家庭付出很多，每天很早就会起床，给家里人准备早餐，可老公早就习以为常，还经常抱怨她做的早餐不好吃，更别提说什么"谢谢，你辛苦了"。老公对她的冷淡态度，潜移默化地影响了儿子，儿子平时也对她颐指气使，说话非常不客气。小圆为老公和孩子事无巨细地操心，却从来没有得到家人的肯定、理解和支持。小圆说到这儿，又气又伤心，委屈地哭起来。她不明白，自己在婚姻里为什么如此费力不讨好，自己到底哪里做错了。

其实有很多姑娘像小圆一样，习惯性讨好对方，却从未得到自己想要的回应，这其实有意无意地把自己放到了讨好型人格的位置上。从心理学的角度讲，讨好型人格主要来自对于自身过低的评价，所以我们会发现讨好者有一个非常明显的表现：他人的感受高于自己的感受。为了获取对方的关心，他们会想方设法对对方好，关注对方的想法，可这样的行为往往得不到对方的回应。

长此以往，讨好者心里会积累很多不满和怨恨的情绪，又害怕自己的情绪爆发出来会破坏关系，以致彻底失去对方，所以一而再再而三地忍耐，直到自己崩溃。

我常常给学员讲这样一个故事：

你很喜欢一个人，所以你想每天都给他一块糖吃，然后你这样做了。每天一块糖，连续30天，他已经习以为常了，到了第

31 天，如果你不再给他糖，他甚至会觉得是你欠他的。

这个故事其实就透露给我们一个非常现实的道理：在任何关系中，单方面地付出永远都不会得到回应，单方面表达善意不会让关系平衡。

所以，讨好者最应该面对的问题是：停止无谓付出，确立自我的格局和界限。

接下来米亚就教大家如何扭转劣势，改变讨好者地位。

（1）在心理层面上做个叛逆者，敢于表达自己被压抑的情绪

当你拼命付出的时候，其实内心的渴求是获得对方的回应。小圆就特别期待老公对自己的关心体贴、嘘寒问暖。可是求而不得，这份心理预期的落差一定会转化成很多怨恨、愤怒、委屈。

所以，你首先要做的就是，把自己曾经压抑下来的负面情绪表达出来。当压抑的情绪得以表达的时候，你才会以一个完整的、真实的状态展现在别人面前，才能够获得别人的尊重。

建立自我界限是建立平等关系的第一步。简单来说，建立自我界限就是去表达：我想要的是什么，我需要的是什么，我不想要怎么样，我喜欢的是什么，我不喜欢的是什么，我期待你怎样做，你做了让我不开心的事情会有什么样的结果。

小圆在我的指导下，尝试和家人表达她的一些真实的想法。

比如如果老公抱怨早餐不好吃，她就会说："好的，明天起我就不再准备你的早餐了，我也不愿意每天早起，我也很辛苦。"她准备上夜班，她儿子要睡觉，抱怨她很吵，她说："你这样跟妈妈讲话，妈妈非常不高兴，如果连你的家人都不能理解和尊重，你长大之后要怎么跟别人相处呢？"

渐渐地，小圆的家人都意识到她变了，不再是以前那个可以呼来喝去、有求必应的人了，对她的尊重感自然就建立起来了。

一段良好的关系必然建立在关系双方地位平等的基础上。如果有人处于高位，就意味着有人处于低位，也就意味着有人在忍气吞声，有人在趾高气昂，在这样的关系中，双方是无法获得对等的回应的，何谈尊重、理解和支持呢？

（2）放稳语气、放慢语速、精简表达，让你的话有分量

讨好者可能不自觉地想把自己的想法详细说给对方听，因此语速会略急促，语气也起伏不定。他们拼尽全力想引起对方的注意，结果却常常是自说自话。

其实，一个人的语速相对比较慢、语气略沉稳反而会引起对方的注意力。

此外，不要滔滔不绝地迎合对方，尽量将你想表达的内容用精简的方式呈现出来，能用一句话说清楚的内容就不要用两句话。

（3）有时候，沉默是更有力量的回应

小圆和老公在过去的相处中，老公经常会对小圆说一些负面评价的话。有时候小圆跟老公吵架，她总是被怼的那一个。

小圆跟我说："米亚老师，我也很苦恼，可有时候一听他那么说，我就非常生气，我一生气就说不出话来，大脑一片空白，到最后不知道怎么接话，就只好习惯性地顺着他说'好好好，知道了'什么的。"

我给小圆的建议是："你很生气又说不出来话的时候，其实是因为身体在保护自己。因为平时习惯性地压抑情绪，因此你在情急之下容易无法顺利表达自己的想法。不过也没关系，你可以就将计就计，什么都不说。并且，在不说话的同时，一定要配合动作。比如当他说你这不好、那不好的时候，你可以盯着他几秒钟，然后回到卧室，关上门。他不跟你道歉，你就不出来。比如他跟你吵架，大声怼你的时候，你不需要看他，换好衣服，直接出门。不做回应，用沉默应对他的指责比什么都管用。"

在针对性地帮小圆做了这些调整之后，小圆和老公的关系得到了极大改善。最近老公还带着儿子一起给小圆准备生日蛋糕。小圆深有感触地说，自己过去傻傻地付出那么多，竟然都做错了。

其实人际关系就是这么奇妙，有时候你觉得你在做对的事情、说对的话，对方就一定会感受到，会爱你，那可能都是你的一厢情愿。只有用对了方法，一句话有时候会顶十句话。

一味退让老公就能回归？女人该狠就得狠

有一位听众给我留言，说了自己的情况：

> 5 年平静的婚姻生活被老公出轨这件事打破了。自从发现老公出轨之后，她就到了崩溃的边缘，完全不知道该怎么办。她问遍了身边的朋友和亲人，大家都说这种事情很常见，建议她睁一只眼闭一只眼,. 只要对老公好一点儿，慢慢就能把老公拉回家庭。她也觉得也许就是因为自己不够好，所以老公才找别人，于是她开始拼命地表现，把老公照顾得无微不至，整天对老公嘘寒问暖，还把自己的工资都给了老公。可是到最后，无论她做什么，老公都会大声呵斥她，完全不把她当回事，而且坚持要离婚。她彻底绝望了。

其实这种情况在亲密关系中也是非常常见的。因为对自我定位不清晰，导致自己价值感低，所以无法摆正自己的位置，使得本来就已经失衡的天平更加倾斜。

遭遇老公出轨，是不是只能卑微迎合？如何表达才是对的呢？

（1）表达你的愤怒

很多人一听愤怒，就先后退三步。我的学员也经常和我说：老师，都这样了，我要是再发火，那不是成泼妇了吗？他本来就不爱我了，我还发脾气，这不是矛盾激化，把他往外推吗？这样岂不是更没有回头路了？

其实完全不是这样的！

表达愤怒其实是需要有面对冲突的勇气的，一些自我能量较弱的人只要一想到表达愤怒，就开始紧张、害怕，自然就没能力去表达愤怒。但是，表达愤怒其实也可以保护我们，可以维护我们的利益和边界。

愤怒是把双刃剑。用得不好的时候，就是情绪化，只会让结果更糟。用得好了，是在为自己服务，可以满足自己的某些需求。

那么该如何表达你的愤怒呢？

一是准确表达情绪，二是明确自己界限。

比如你非常生气，那就表明你的态度，提高音量也好，改变语气也好，总之不要唯唯诺诺，想说不敢说。

然后你要说清楚，对于老公出轨这件事，你是绝对不能接受的，这是你的底线。

（2）该放手时就放手

这名听众的老公态度如此恶劣，那这样的婚姻或许已经无法挽回了。这时，她付出越多，只会受伤越多，不如理智一点儿，冷静地想想，如何为自己争取最大的利益，及时抽身。

我们渴望的都是被好好珍惜，被好好对待，但是每段关系里都难免有风浪，而且每个人的情况都不同。当你们这段关系真的因为对方的问题而走到尽头的时候，你一定要学会先保护自己。

学会这种沟通方式，给婚姻注入润滑剂

前几天，我的一个老同学小君给我打了一个电话，简单寒暄后，她几次欲言又止，最后还是忍不住和我哭诉起来。小君说，在外人眼里自己那堪称完美的婚姻就要走到尽头了。老公在前几天和自己大吵一架之后离家出走，现在已经一周没有回家了，并且明确提出了离婚。小君说看到老公发消息说"离婚吧"的时候，她感觉眼前一黑，欲哭无泪，难道自己辛苦经营这么多年的家庭就要这样支离破碎了吗？

我和她深入沟通发现，她和老公之间并没有不可调和的矛盾。那么到底是什么原因让他老公用如此激烈的方式提出离婚呢？

这里就用小君的例子，讲一下为什么不正确的沟通方式让一段看似完美婚姻走向破裂？我们又该如何在婚姻中好好说话？

（1）正话正说

正话正说当然是相对于正话反说来的，比如当你和老公吵架时，你心里明明希望他来哄你，嘴上却说："你离我远点儿，我不想看见你。"诸如此类的口是心非都是正话反说。从心理学的角度来解读这件事，其实往往是因为我们对自己在亲密关系中的另一方抱有很多期待，潜意识会希望对方懂得自己心里隐藏的那些想法，为此不惜说一些相反的话，以刺激对方或者暗示对方。可理智上我们都知道，说这样和本意相反的话，一般情况下，都只会让对方理解字面上的意思，而无法理解你。

小君也有类似的烦恼，她之前就总是会忍不住和老公说："你是不是觉得我现在配不上你了？""你工作上是不是可以遇到很多优秀的女人啊？她们是不是比我长得好看，工作能力也强，是不是和你关系都不错？""哎呀，你现在可是老总了啊，眼光也和以前不一样了，肯定看我这种黄脸婆哪哪都不顺眼了。也对，我哪有你们公司那些年轻漂亮的小姑娘看着顺眼呢？"

我问小君为什么要说这些话，她说："我就是想暗示他要看到我的好，不要觉得现在自己事业有成就嫌弃我了。"

可以看出，小君其实是因为内心自卑，担心老公嫌弃自己甚至出轨，才会这样说话的，可是这些话无形之中分明是在暗示老公"你看我现在多么糟糕啊，你身边其他的女人多么年轻漂亮优秀啊"，并不会让老公看到小君的好。

如何正话正说呢？

既然是想让老公看到你的好，那你就要说："老公，你说我得多优秀才能找到你这么好的老公呀！""有的时候真是想生你的气，可是想想这么多年来，我们一路走来也真是不容易，那我就不嫌弃你啦！"或者如果你想让老公珍惜你们之间的感情，不要指责他不懂珍惜，要多聊聊过去的甜蜜回忆和未来美好的规划，这才是正向引导。要记住，只有正向引导才会引发正面的结果。

（2）硬话软说

有句俗语叫"刀子嘴豆腐心"，常常被用来形容一些善良的女人，她们一边做着最辛苦的事，一边说着最难听的话。而大部分在婚姻中遇到困扰的女人恰好也有这样的特征。所以我常常和我的学员说，女人应该做到"嘴软心硬"，也就是，我们需要有柔软的表达能力和坚定稳固的内心状态。

小君虽然本性善良，平时和朋友们聊天说话也都可以有说有笑，但是只要面对老公，就会不自觉地开启"怨妇模式"，总是把离婚当威胁，经常唠叨自己诸多付出得不到回报，或者动不动就把老公当儿子一样管教，比如说："你要是再……，我就惩罚你。""这件事我不是已经告诉你该怎么做了吗，你为什么不听呢？我这可都是为了你好呀！"

这些话就像一根一根的刺，句句都硬气得很，可惜效果不怎么样。小君说这些话是为了让老公体谅、关心自己，结果却把老公越推越远。

能把硬话软说的关键是：换位思考。

小君如果能换位思考一下，老公每天工作已经满满当当的了，回家只想好好休息，可是他还要为答应小君的一件小事没做到而接受小君的惩罚和没完没了的指责，他能不一肚子委屈和火大吗？

女人只有具备换位思考的能力，才能看到对方的脆弱和疲惫，自然而然就会流露出温柔的感情、关心的态度，和对方沟通时才能使两人真正产生联结。

建立界限意识，避免在婚姻里过度付出

很多没有结婚的姑娘会有恐婚的心态，恐婚在心理层面形成的原因可能是多种多样的，不过在表现形式上，最常见的就是表

现出一种担忧：担心自己会不知道如何面对婚姻生活。

如果我们恰好看到自己的妈妈、姨妈、舅妈、姑妈等女性长辈都过得不怎么样，觉得结了婚的女人好像都很辛苦、很操劳，不管人在哪里，都要时时刻刻操心家里的大事小情，如果在我们的生活中没有一个可模仿的好的榜样，那么我们的思想自然会被担忧占据。

大家都知道，爱情和婚姻是两回事。但具体是怎样的两回事呢？米亚今天就帮大家解读一下，爱情和婚姻的差别，以及我们进入婚姻生活后该如何确立自己的边界感，处理好婚姻生活中的界限意识与亲密关系中的共生问题。

在谈恋爱的阶段，尤其是热恋期，人的心理可能会退到孩童时代，对情感上的付出度和需求度都很大，这时，双方就很容易进入一种共生关系。

付出度就像是谈恋爱的时候总想为对方做很多事情，不知不觉就对对方的事大包大揽。需求度就像是想要看对方的手机，时刻关注和知道对方的一举一动，你中有我，我中有你。

在热恋期，因为彼此的需求程度都很高，所以人们不会觉得这样的共生关系有什么不合适的，甚至大多数人会因为这种"我的事就是你的事，你的事就是我的事"而感到满足和幸福。

心理学家玛格丽特·马勒认为，这种共生关系应该有一个明确界限，婴儿和妈妈的共生关系是健康的共生关系，而我们在恋爱中的共生关系并不是一种可以长期维系的关系。所以我们选择进入婚姻之后，首先要面对的一个变化就是界限意识的产生，这代表着一种成熟的人际关系。婚姻中的界限意识，也就是即使结婚了，双方仍然要有自己的原则、自己的空间、自己说了算的地盘。脱离共生的美好感觉，走到一个平等的合作关系中，才可以经营好婚姻。

这个时候问题就来了，我们该如何建立界限意识，树立自己的原则，既不被对方侵犯，又不至于过度付出呢？

（1）呈现事实，区分情绪

我的一位好朋友有一个妹妹，我经常和这个朋友见面，因此对她妹妹很了解。可以说我是看着她一路不断地恋爱失恋，一直到去年年底结婚的。像这样刚刚进入婚姻的两个人，面临最多的问题就是柴米油盐等具体的生活问题。这个妹妹也一样，她常常因为谁做饭、谁打扫卫生这样的小事跟老公吵架，也跟我抱怨过几次，说她老公很懒，什么也不做，如果她不去做家务，家里哪怕变成垃圾场，老公也不会打扫。一般她都是忍无可忍了，直接跟老公大吵一架，情绪爆发的时候不仅旧事重提，还会添油加醋地说："你是个垃圾人吗？你没结婚的时候怎么跟我说的啊？你上次怎么保证的？"每次吵完架老公会哄她，然后乖乖去收拾，可是过几天又跟之前一样。

这样的沟通方式有什么问题呢？

其实问题就在于没有厘清事实，没有剥离情绪。当我们处于自己情绪的爆发点时，我们是很难陈述清楚事实的。

于是我教她这样去沟通："老公你看，厨房的垃圾都两天没倒了啊。"她老公就会很自然地接一句："哦，那么我一会儿出门带出去。"还有像是："老公，洗衣机的衣服好像已经洗好了。""亲爱的，刚换的水没有开呢。"当你这样说时，在正常情况下，对方是没有理由直接推掉这个问题的，顶多可能会说"好的，我一会儿去"。

很简单，我们把事实具体化，不要用情绪化的语言代替沟通内容，就事论事地呈现事实，就在无形中解决了问题。

（2）不带敌意地拒绝

在婚姻生活中常常会难分彼此，这个很正常，不光对方，有时候可能我们自己也很难分得很清楚。

我的学员小何跟老公结婚不久，因为老公是家里的独生子，又在本地，所以小何常常被要求周末回婆家。

其实这个家是老公的家，并不是小何自己的家。对于小何来说，周末回婆家比平时上班还要累，倒不是因为和公婆相处不来，可毕竟不是自己的父母，小何就是觉得很不自在。但是每次面对公婆和老公"热情而诚挚"的邀请，她真是开不了口拒绝。

于是我跟小何说："你拒绝这件事，不代表拒绝你老公。这是两回事。每个人都有自己的意志，你表达自己想法的时候只是表达自己的诉求，而不是为了伤害别人。这样的表达就是不带敌意地拒绝，是不会破坏关系的。"

如果说："我不想去你家，去你家跟坐牢一样。我不想看到你爸妈，我好难受啊。我不喜欢吃你家里做的饭，我去你家要干活儿，是仆人吗？"这样的沟通就是不合适的。

但是如果说："我这个周末想去看一个我特别期待的展览。需要的话，我给爸妈打个电话解释下吧？你帮我给爸妈带个好呀。"这样的表达就是不带敌意的拒绝了。

其实每个人心里都有界限意识，如果用正确的方式去沟通，明确这个界限，自然不会有严重的问题发生。同样，每个人都需要有界限意识，对方在侵犯你的时候，其实他心里也明白，因此良好的表达只是提醒，不是批评和破坏。

培养良性反馈模式，让老公主动来哄你

很多学员都会有这样的疑惑：如果他爱我，为什么我们吵了架之后，他不来主动哄我？好嘛，我都那么生气 / 伤心 / 难过了，他也不来哄我，那他就一定是不爱我的，对不对？

我想和你说的是：你要冷静，还真不一定是这样的！

首先我们来分析为什么你们吵架之后，你的他不来主动哄你？一般有以下几种情况：

第一种情况，可能他目前比你还要生气。

想想看，现在你确实很生气，可他也正在气头上呢。男人虽然名义上是理性思维占主导的，但不代表他们是没有感情的冷血动物。他们也会有负面情绪，只不过男人处理自己情绪的方式和我们不同，他们把情绪藏到自己的世界里，在处理好自己的情绪之前，他们会摆出一副冷若冰霜的扑克脸，就算你和他们说话，他们都可能不回应，更别提让他们主动来哄你啦。

在这个时候，你最好的做法就是安静地等待。你不说话，就是最好的回应方式了。

但凡你对他有所了解，你大概就知道他自己处理情绪需要多少时间，比如有的人可能只需几个小时，有的人可能需要几天。在这段时间里，你不需要气鼓鼓地等着他来哄你，因为就算你等待的姿势再优美，也只能是徒劳，不如先试着去调整一下自己的情绪，试着去消化一下自己的情绪，等他调整好了，你们再一起面对你们之间发生的矛盾。

第二种情况，你的错误反馈方式使然。

举个例子，比如最开始他是会哄你的，可那时候你还是太草率了，一听到他的示好，脱口而出的话就是："哟呵，您还知道自己错了呀？您刚才不是很嚣张吗？怎么现在像只狗一样又来找我了？"这样连着"讽刺""鄙视""打压"的话就都来了，真是"夺命三剑客"啊！

有的人可能还会进一步逼着男人承认自己的错误。比如会说："行啊，我也不是得理不饶人的人，既然你知道自己做错了，你就好好地给我说一说，自己错在哪里了？少于十条可不行啊！"

要知道，事实上，男人不光不知道自己错在哪里了，甚至他压根儿都不认为自己做错了呢。所以，你越是这么问，越会只有一个后果，就是让他觉得"主动来哄你"不是一件好事，不仅要遭受灵魂级别的侮辱，还要给自己添堵，绞尽脑汁的结果就是费力不讨好，所以他以后绝对不会再做这样的事情了。

有以上类似行为的傻姑娘们，千万要收住，记住：他来主动哄你，不是你乘胜追击的时候，也不是上"狗头铡"去要他的命的时候，而是要给他一个良性反馈的时候！

在这些关键时刻，你的一句话往往就决定了一段感情的走向。试想，在你愿意放下自尊向对方低头的时候，对方迎面给你泼一盆冰水，这感觉真的不咋样吧？所以，哪怕你不学习感情中的升温技巧，但是也一定要学习基本的沟通模式。

那么，何为良性反馈？又为何要这样做？

在积极心理学里有这样一条心理学规律：如果你想让对方养成一个好的习惯，那就需要在他做得对的时候给予他鼓励、支持和信任，这样才会在他的潜意识里形成"我应该一直这样做下去"的印象。同理，他每次来哄你，都可以得到一个开心快乐的结果，你说他以后会不会持续这样做呢？

当然，也不是说只要对方来哄，我们立刻就给对方一个无比好的回应。还是老原则：尺度感。这个分寸要把握好。举个例子，你可以把男人来哄你的行为诠释成他对你的爱，具体你可以这么对老公说："哼，我这次本来打算生一个星期的气不理你呢，不过我没想到你这么着急来找我，说真的，我之前还从没见过你这么着急呢，那我就当你真的很爱我吧，这次的事就算了吧。"这句话既是我们对对方付出的肯定，也把他的行为解释成对你的爱，一举两得，何乐不为呢？

另外，你还可以说："我发现了啊，某些人的惯用小伎俩就是送花、送奶茶、送礼物，每次只要一吵架，你就是这老三样。我是吃你的嘴软、拿你的手短啊，是不是就不得不原谅你啦啊？"

这样也可以不动声色地化解矛盾，让他知道，送你东西这招，还是行得通的。

当你给他养成一个"吵架—哄你—好的反馈（打破僵局或者原谅他）"的良性反馈模式，他自然就会乐意来哄你了。毕竟，如果一个男人爱你，他是愿意去解决问题的。搁置问题不处理的，才是不爱的表现。

07

拿什么拯救你，
我的婚姻

婚姻倦怠期，如何预防婚变

　　我有一个学员小方，今年33岁了，她和老公已经结婚5年了。两个人本是同事，在工作中互生好感，足够了解彼此之后才决定在一起。

　　两人谈恋爱的时候，今天爬山，明天逛公园，就算只是坐在公园长椅上就能把话题聊出花儿来，从白天聊到晚上，每周周末都恨不得来一趟旅行。可结了婚之后，小方老公的工作有了变动，新工作压力很大，他没有精力时刻关注小方，两个人也不再是同事，各有各的应酬和工作，共同话题越来越少。开始的时候，小方的老公还跟小方说一些自己工作的事情，可是小方性格比较强势，无论老公说自己工作中遇到什么麻烦或者工作中有什么问题，基本上话还没有说完，小方就会劈头盖脸批评老公："哎呀你怎么能这样呢？你是不是傻啊？你应该……"

几次三番下来，老公觉得小方无法理解自己，也不再跟小方说什么了，回到家基本就是自己玩手机。沟通的质量决定着婚姻的质量。没有了沟通的婚姻失去了维护关系的纽带。慢慢地，小方开始和老公说不到几句话就吵起来，老公更是觉得吵架很累，因此常常回避矛盾，冷暴力应对。

说到这里，小方情绪非常激动，委屈地说："我当初选择他不就是因为觉得他能懂我，我们俩在一起有话聊，我找老公结婚过日子不就图有人跟我说说话吗？可他这样的态度，我这个婚结得还有什么意义呢？"

其实在米亚的工作中，这样的案例很常见。俗话说，相爱容易相处难。两个人因为相爱走到一起很容易，激情带来的甜蜜往往会掩盖彼此真正的需求，而在漫长的婚姻生活中，两个人各自的需求渐渐浮现，曾经共同憧憬的美好也因为柴米油盐的碰撞变得不再理想化，彼此都会因为各种琐事对对方失去耐心，不愿意听对方说一些鸡毛蒜皮的事情。男人更想要一些自己的空间和界限，而女人更希望对方能够满足自己情绪上的需求，两人的关注点不同，就经常会对对方提要求，甚至抱怨指责，以至于相互之间的距离越来越远。

婚姻倦怠期对于每对夫妻来说都是必经过程，并不会因为最初结婚时候是真爱就可以避免。

从心理学的角度去解读婚姻倦怠，这其实是一种情绪性耗竭。如果你在和另一半相处的过程中，已经有一段时间出现身心俱疲、"累觉不爱"时，那么你就要注意，你们可能已经进入婚姻倦怠期了。

说回我的学员小方，我针对她的情况给了她几点沟通上的建议。

（1）跳出沟通中的固定角色，学会共情

相对于恋爱，婚姻是一个长期的过程。而我们在婚姻中最容易犯的错误就是在和对方长期磨合的过程中看不清自己。

小方就感觉不到自己的问题出在哪里，当她把对老公讲的话复述给我的时候，我立刻就指出，她在和老公的沟通中过于强势，比如经常会命令老公，让他马上洗碗、给自己倒水。她在沟通中完全没有共情，她老公常常很无奈，但还是选择忍耐，不开心地去做。而她老公长久的情绪积压并没有被看到或宣泄出来，

于是老公才选择了不沟通，习惯性回避矛盾。

我给小方的建议是：不要总是下结论，尤其是不要总用命令口吻。每个人都不希望自己被强迫，被要求做事。她如果想让老公帮忙，可以尝试多用些开放式的问句。

比如之前小方经常说："你去给我倒杯水！""你去厨房把……拿来！""你这个人怎么这样，你是不是找事儿呀？""你今天晚上 8 点之前必须回来！"这些话我们可以换一种说法："你进屋时帮我带杯水行吗？""哎呀我好渴啊，老公可以帮我倒杯水吗？""厨房有个……我需要用，你帮我拿下好吗？""你喜欢这样吗？""你觉得这样感受好吗？""那你怎么想的呀？""你今晚上大概几点回来呀？"在沟通中可以多问对方的喜好、看法和感受，更可以将自己的喜好、看法和感受和对方分享。

（2）用温情代替强势

婚姻之所以不同于恋爱，有一个很重要的原因是婚姻比恋爱多了一个家的归属感属性。

就像我们看到很多婚姻中的夫妻，也许早已没有了爱情的激情，但是仍然很享受地沉浸在婚姻生活中，这是因为婚姻生活给了他们情绪上的支撑、支持和温暖。那么，这个归属感该如何去营造呢？

要想婚姻有归属感，首先就要让家像一个温暖的港湾。所谓温暖的港湾，其实就是你受伤了有人会理解你，你受委屈了有人可以安慰你，你遇到问题了可以回家透口气，你累了可以在家里舒服自由地做自己。

小方对于老公工作中遇到的挫折，总是给出一些批评性的指导建议。这种方式就会让老公觉得自己不被理解，没有被接纳，甚至有可能激发内心的自卑感。

其实任何人在遇到问题和矛盾的时候，第一时间想要的并不是别人站在更高的角度上给予他们指导，而是自己的情绪被看到，自己的委屈被理解。

所以我建议小方在和老公沟通的时候，可以用这样一个公式：先回应情绪，再回应事件。

比如说，当老公抱怨自己工作不顺心或者不受领导重视的时候，小方可以这样回应："老公，我要是你的话，我也觉得会很憋屈，你做了这么多，这么努力，好像从来都不被看到，领导只会一味地说你这不好那不好，换了谁，谁心里都会不舒服的。""老公，你一定很不开心吧，领导在不了解你的情况下，就给你下了一些评价和定义，完全是个人主观的看法啊，我站你这边，我也觉得是他们的问题。"

当老公觉得自己的情绪被理解了之后，小方再提出自己的建议。

这样的沟通，其实只是多了一个回应情绪的步骤，但就会让对方感受到自己是真正被接纳的，那么他自然愿意在与你的交流中说更多自己的看法和想法，两个人的情感联结就加深了。

我经常跟学员说，最好的爱人，不是在你想做错事的时候去拦着你，而是在你做错事之后，还会给你鼓掌说："干得漂亮！"

其实，有效的沟通并不依靠复杂的沟通技巧或者深奥的心理学知识，更多时候，只要我们在合适的时机去说合适的话，就可以了。

为什么优秀的女性也可能被出轨

热播剧《三十而已》的主角顾佳，是大家公认的独立女性、完美人妻，在外撑得起事业的危机，在内顾得了家庭的琐碎。无论生活中的大事小事，她都能瞬间整理好自己的状态，拿出顶级水准，把事情处理得漂亮妥当。

可随着剧情的发展，老公许幻山出轨了。如果顾佳是输给一个比自己优秀的女人，倒也能解释得通，可是小三林有有只是一个外貌平平、刚毕业的女大学生，无论从哪个方面而言都没办法和顾佳相提并论。

许幻山出轨，肯定是不对的，不过这里我想和大家讨论的

是，顾佳和许幻山这对夫妻，问题到底出在了哪里，为什么优秀
如顾佳也会遭遇被出轨？

（1）顾佳总是太正确

顾佳是一个要求完美、注重细节的人。比如许幻山穿西装
配的是短袜而不是长裤这样的事情，对于她来说都是没办法妥
协的。

顾佳这样的性格，让她在工作和学习中会有很优秀的表现，
做事的成功率会很高。但是在亲密关系中，许幻山是独立的个
体，他有自己独立的思想、想法、喜好、行为等，顾佳如果用追
求完美的态度去要求对方，就容易产生很多冲突。爆发冲突之
后，又由于顾佳的"过于正确"，所以许幻山总是生活在顾佳正
确的阴影里，无法表达哪怕是错误的自己。这样在不知不觉中，
两者互动的关系模式就像是妈妈和儿子。

就像生活中我们可以看到妈妈总会教导儿子说："你应
该……""你如果……，可能会更好""加油，我相信你一定
可以……"

要知道，我们对伴侣表现出来的过度要求和期待，源自我们
内心对自己的诸多要求。

这也就是为什么完美妻子会给关系中的另一半很大的压力。
因为我们表现得越完美，就会衬托出对方越差劲。

一个好的解决方案，其实是我们先坦诚地面对自己，问问自己为什么要对自己要求得如此苛刻，自己内心没有和解的问题是什么，当我们放松了对自己的要求，可能才会很自然地在老公面前呈现出无忧无虑的放松状态。做自己，而不是做一个角色。

放下心中的完美，和伴侣轻松恰当地表达你的支持、理解、尊重、关注和关心，胜过做一万件正确的事情。

（2）顾佳太过于独立和隐忍

从原生家庭的角度分析，因为童年丧母，又脱离了父亲的照顾，顾佳很小就开始了独立生活，因此她格外需要家庭的稳定和安全感，为此不惜一直在婚姻中默默隐忍和无私付出。

况且她似乎已经在任何方面都比许幻山更加优秀，更加成熟、周全和稳妥。别说示弱了，她坚强稳定得就像整个家的定海神针，总是一副波澜不惊的样子。甚至她在遭遇上幼儿园的儿子被欺凌的时候，都会稳妥地处理好自己的情绪，不把一丝一毫的负面情绪带回家。

问题是，在任何关系中，该表达情绪的时候就要表达情绪，哪怕是负面情绪。

每个人都是有七情六欲的，如果总是一如既往地包容、体谅对方，站在更高的层次去俯瞰自己的老公，只会让关系更僵化。

比如很多姑娘都觉得自己不该有负能量，不该抱怨，所以当自己难过的时候、伤感的时候、生气的时候、被负面情绪困扰的时候，从来不会说什么，而是选择自己默默承担和忍受。可是，恰恰是这种不计回报、对对方没有任何需要的表达和付出方式，成了关系中的束缚。

本该更加感性、更加情绪化的女性缺失了很多情绪上的表达，她在关系中就会失去很大一部分活力。有时候，在遇到矛盾时选择与老公大吵大闹，不顾一切地表达出彼此的感受，反而会把真实的需求和弱点流露出来，让关系有了活力。

这也就是为什么说，伴侣之间偶尔会吵架好过于从来不吵架。

顾佳的付出没有得到最好的回报固然可惜，但她毕竟是虚拟的人物，我们也只是借助虚拟的关系来讲述一些真实的互动技巧。

说到底，经营自己和经营关系是两回事，我们把自己经营得再好，也未必会经营关系，正如一个人优秀与否和他值不值得被爱是两回事一样。

拥有平凡的幸福没那么难，也不需要一定优秀如顾佳，才能够配得上幸福。经营好一份感情最重要的前提是找到真正适合自己、接纳自己的人。

发现老公出轨，应该怎么沟通

在这一小节，米亚将结合案例和大家聊聊当老公出轨时，如果你不想离婚，那么你该怎么和他沟通。

（1）不要报复对方，要救赎自己

小甲在得知自己老公出轨女同事之后，连发五条朋友圈，言辞激烈质问第三者，还@了所有和老公在工作上有关联的人，让他们帮忙传话给第三者，问她破坏别人家庭还要不要脸。

殊不知，这一操作之后，她老公觉得非常没面子，直接提出了离婚。

自己一时气愤，让全世界的人知道了家丑，那么这段婚姻或许也无法挽回了。

（2）不要讨好对方，要尊重自己

小乙是个全职主妇，因为没有固定的经济收入，在得知老公出轨之后，她如履薄冰，不敢哭不敢闹，更不敢向老公提任何要求，反而处处从自己身上找原因，觉得自己不够温柔有趣，不够得体大方，和老公说话更唯唯诺诺了。

　　结果这样做没有让老公回心转意，反而让老公觉得小乙很差，想要离婚。

　　其实，小乙的最大的问题在于她的内心被老公出轨这件事彻底击垮了。按理说她老公才是过错方，理应觉得羞愧和内疚。

　　但是他的态度更取决于你如何对待他，如果你也认为是自己太差，竭尽能力地讨好老公，那么他本来可能尚存的一丝内疚也会转化成理所当然。小乙最需要的是振作起来，自己先尊重自己，不论是愤怒还是悲伤，都要表达出来。要把自己放在和对方平等的地位上，再做沟通。

（3）不要错过时机，要把握时机

　　小丙在偶然间发现老公出轨的时候，她简直不敢相信自己的眼睛。老公给她下跪祈求原谅，她哭得不能自已，于是稀里糊涂地原谅老公了。小丙催眠自己，就当这件事没有发生过吧。

　　没想到，还不到半年，老公再次出轨了，只是这次选择了更隐蔽的方式。

　　小丙的问题就在于没有把握好时机，老公一认错，她立马原谅，没有给老公设置悔过期，也没有和老公坦诚沟通到底为何出轨，等等。

在对方求原谅的时候，正常的沟通内容一定要包含三部分：第一，要求老公与第三者摊牌，和第三者彻底不再联系；第二，定下老公回归家庭的方式，说清楚他要通过什么样的方式给你安全感；第三，事先声明，如果老公做不到前两点，或之后再犯，那你也不害怕离婚。所谓不破不立，你只有不害怕失去对方，才是真正独立了。

三步沟通法，帮你挽回婚姻

学员丽丽今年 33 岁，非常努力，也很优秀，自己独立经营两家酒店，年收入百万元以上。丽丽 26 岁时认识了现在的老公，28 岁结婚，到今年结婚 5 年了，家里还有一个可爱的儿子。

丽丽不仅把事业打理得井井有条，也把自己打理得光鲜亮丽。正因为各方面的优势，导致丽丽习惯性地不太把老公当回事，经常性忽略老公不说，在家里也常常对老公呼来喝去、指手画脚。

让她万万没想到的是，一向老实听话的老公竟然会出轨，出轨的对象还是一个各方面都不如自己的女人，无论长相还是收入都和她没法比！

　　她无法接受这个事实，非常生气，并且直接和老公摊牌，让老公立刻断掉在外面的关系。可让她更无法相信的是，摊牌后老公竟然直接不再回家了，甚至连她的电话都不接了！

　　丽丽被逼无奈，只好大改之前的态度，对老公卑微示好，把自己放到了最低的位置苦苦哀求，没想到老公依然无动于衷。

对于很多女性来说，老公出轨无疑于天空垮塌，更别说随之而来暴风骤雨般的情绪也会将人吞没。在此刻，我们首先要审视自己的内心，是否依然爱他，是否还想要这段婚姻。

不要急于和他谈判摊牌，冲动之下的沟通只会产生冲突。不要急着告诉家人朋友，更别轻信什么过来人的经验，其他人七嘴八舌的建议只能让你更加纠结而无法梳理好自己的想法。

我们面对这种婚姻危机，在情绪的控制之下，自然而然就会表现出以下几种行为：

- 一遍又一遍和对方强调：你看，我对你有多好！我为你付出了这么多！你对得起我吗?!
- 不断地给对方打电话、发短信，卑微道歉求复合。
- 指责、仇恨对方，放狠话或者威胁对方。

以上方式，都只会适得其反。

那么，我们应该做的沟通是什么呢？

第一步：看见对方。

在发现老公出轨之后，无论如何都要忍住，别马上找他摊牌。在这时候要去复盘，想想你到底了解他多少？什么样的沟通方式对他才是有效的？

比如你可以说："这件事对于我来说很突然，我不知道你是怎么想的。我想我们都需要时间和空间去处理一下自己的想法。"

像丽丽这种情况，她老公就像握在手里的沙子，握得越紧，流失得越快。所以我建议她不要再做无谓的纠缠，只需要向老公简单地表达一下："折腾了这段时间，我也很累了，你也一定不好过吧？所以我不想再强求了，我们都冷静一段时间吧。"

这样，给对方一个喘息的空间，他也才会有时间冷静下来，去想清楚自己和丽丽的关系。

第二步：看见关系。

对于关系的反思是：自己在婚姻中，哪些沟通方式是对的，哪些是不对的？

比如这个案例，丽丽之前的强势沟通、指责命令式等沟通模式都需要推翻重建，她要学会使用肯定欣赏和正向积极反馈等沟通法。

或者，有的女性在婚姻中一直过得很卑微，对老公总是唯唯诺诺，那就要尝试用自信的语气和老公沟通。

第三步：看见自己。

丽丽对老公总是有诸多要求和指责，其实这更多来自丽丽内心对自己的苛求，所以需要先让自己舒服，让自己的状态好起来，让自己心境平和，才不会被情绪推动着做出不理性的事情。

这时我们要做的是看到自己真正的感受和想法，不需要太过自责。毕竟事情已经发生，我们能做的，就是调整好心态，试着不卑不亢地把心里话表达出来。

比如："结婚这么多年，我们一起经历了很多，走到今天很不容易，我很遗憾过去那么长时间，我们都没有好好聊过什么，如果我们能早点儿意识到问题，可能结局就不是这样了。不管怎么样，还是很希望有机会和你坐下来好好聊一次，就像我们最开始认识的时候一样。"

丽丽的老公看到她不再受情绪控制，也冷静了下来，答应两人坐下来，好好解决问题。

但是，挽回婚姻的过程并不是这么简单，需要漫长的心理建设和双方共同的努力。三步沟通，只是迈出了复合之路的第一步。

感情破裂后，如何重建信任

我的一个学员小徐和老公都在国有企业工作，两人结婚6年多，生活稳定，还有一个4岁的儿子，看上去就是一个普通的三口之家，但是他们的婚姻经历还比较波折。小徐的老公在两年前出轨，当时小徐非常果断地和老公提出了离婚。

老公被小徐的气势吓到，痛哭流涕地跪下求小徐，解释说他和第三者只是逢场作戏，让小徐看在儿子的面子上，不要离婚。

正在气头上的小徐根本听不进去这些，她二话没说，直接带着孩子回了娘家。可没多久，在娘家人日日夜夜的劝说下，小徐也开始动摇了。这时候，老公又来接她回家，还写了几千字的保证书，认错态度相当诚恳。于是，小徐就这样稀里糊涂地和老公回家了。小徐当时心想：算了，就当做了一场梦，忘了就好了，以前是我看得不够紧，以后一定看紧他！只要我自己不在乎过去了，这个问题就不存在了。

可她没想到的是，其实真正的问题在这个时候才开始暴露。

　　小徐的老公也许是因为愧疚心理，主动和小徐保证，自己会及时向小徐报备自己的行程，请小徐相信他、监督他。可是即便这样，假如老公晚回来半小时，小徐就会抓狂，不停地给老公打电话。老公回到家，肯定会面临一番盘问，手机也会被从头查到尾。这样持续了一年多，小徐的严密监控没有什么收获，她的情绪却更加焦虑、极端了，她觉得是自己监控不到位，于是偷偷在老公的车里安装了定位器，甚至打算要监听老公的手机。

　　结果这件事被小徐的老公发现了，老公这次主动提了离婚，说自己真的受不了了。

　　这次轮到小徐彻底崩溃了，她不明白自己做错了什么。明明是老公做错事，她只是按照老公的要求去监控他的行为，她有什么错？自己不看紧点儿，老公再出轨可怎么办？

面对小徐的疑惑，可能有人会说，"控制只会让人远离""感情就像手里的沙子，抓得越紧流走得越快""安全感不是别人给的""关系里需要信任"，等等，但是具体一点儿，我们该如何和对方重建信任呢？米亚在这里就和大家讲一下，在这种破镜重圆的感情关系中该怎么和对方沟通。

（1）不要急于改变对方

小徐最大的问题在于她没有处理好自己的情绪，无论是自己内心遭受的伤痛，还是被出轨造成的不安全感，小徐给自己的方法就是：不在乎就不存在！

但是事实上，这些被强行压抑的情绪并不会消失，只是隐匿到了更深的角落，发挥着更强大的震慑作用，使得小徐加足马力去控制老公的一言一行。可这样的控制，无疑只会带来反作用力。

所以，我们在遭遇任何婚姻矛盾的时候，都要给自己一段冷静的时间，然后尝试进行这样的沟通："发生这样的事情，我的确很受伤、很难过，我也不知道该怎么面对，不知道该怎么继续生活下去。但我知道自己心里对你还是有感情的，我也舍不得家庭和孩子，所以我不会强求你做出什么改变，而我自己也需要时间和空间去消化一下，不可能一下子回到之前的状态。我们就这样，过一段时间看看再说，好吗？"这样沟通，也是告诉对方和自己，先不要着急开启下一段生活，给彼此一个空间去消化和思考一下。

（2）重建信任

很多人都有一个很大的误区，会觉得信任是一个人的事情。

要么觉得取决于对方，比如像小徐就觉得，"让我信任他，需要他做出真正的牺牲。只有他真的能拿出誓死捍卫婚姻的态度，能抵挡住任何诱惑，我才能信任他！"要么觉得取决于自己，于是在内心说服自己："既然现在选择和好了，我就不能再疑神疑鬼，就要完全信任他，只有这样，我们的感情才能和以前一样。"

其实，都不是的！

重建信任的过程一定是体现在细节里的。比如小徐老公没有按时回家，小徐可以先按耐住自己情绪，思考一下，按照他现在的情况，他没有按时回家最有可能是什么原因？是又去约会了还是工作上有事情？显然，更有可能是工作上有事情。做出判断之后，等他回家，小徐就可以先于他说："今天你是不是又临时开会加班了？吃饭了没呢？"只是简简单单一句话，就体现了自己对老公的信任。如果小徐的老公是诚心回归家庭的，这一定是一个非常正向的引导。